ウソつきの構造

法と道徳のあいだ

中島義道

角川新書

はじめに

本書のタイトルは、「ウソつきの構造」であるが、貧寒なりに人生経験も積み古希を越えたいまとなって、「人がウソをつくのが不思議でたまらない」と訴えたいわけではない。といって「人がウソをつくのはあたりまえだ」と居直りたいわけでもない。本書において、私は「人はなぜウソをつくのか」という単純な問題、しかも誰も真剣に問わない問題をその深層構造にまで分け入って解明したいのだ。

とはいえ、この小さな本によって、私はウソという広大な領域をことごとくカバーしようと企《たくら》んでいるわけではない。まず、親子間、夫婦間、恋人間、友人間……すなわち、ごく親しい者同士のウソを排除する。こうした場合、ウソはそれなりの潤滑油にもなっていて、一時的にウソが人間関係を切り裂くとしても、充分な信頼関係があれば克服できるのが常だからである。あるいは、そのことによって人間関係が破綻《はたん》するとしても、それは他者に対する「期待度」の差異に帰するのであって、こうしたごく親しい者同士の人間関係の真実性の規準を客観的に決定する権利は誰にも(哲学者にも)ない。

一滴もウソのない夫婦関係、恋人関係、友人関係を望むのは結構であるが、「相手」がそれを望まない場合、人間関係は破綻するであろう。適度にウソもつき合い、騙《だま》し合う人間関係を望む者が現にいて、彼(女)が、それに共鳴する者との人間関係を築くことは、禁じられていないし、禁ずることもあってはならない。互いに軽蔑《けいべつ》し合う、ウソをつき続ける、さらには殺意をもつ人間関係でさえ、原理的に禁じられているわけではなく、その結果として法に触れる場合に限って、社会が何らかの制裁をするだけである。

次に、私が本書から排除するウソは、振り込め詐欺をはじめとするあらゆる詐欺や契約違反、手抜き工事……などの場面に登場する、疎遠な者同士ではあるが、はっきりとした悪意に基づくウソである。これは、発覚すれば法的制裁の対象になる。また、国際政治上の駆引きなどの大々的なウソもまた、本書における私の関心の外にある。

では、これらの広大な領域を除いていったい何が残るのか? 私がとくに本書で問題にしたいのは、法に則《のっと》ったウソ、法のもとに保護されるウソ、いわば「法に守られたウソ」であり、興味深いことに、これは反転図形のように、そのまま「法に守られた真実」に反転しうる。

ということは、（近・現代的）法治国家においては、一連の疑惑案件に対して、ほとんどすべての人が「何らかのごまかしがある」と直感していても、疑惑を受けている当事者は、決定的な論理的矛盾ないし証拠が提示されない限り、論証も反証もできない薄明かりの中間状態に居座り続けることができるのだ。すなわち、当人は「法に守られたウソ」に身を隠し、その限り（図柄は反転して）「法に守られた真実」に身を隠しているとみなされるのである。

政治家や官僚のみではない。企業も、病院も、学校も、さまざまな（営利・非営利）団体も、個人も……不祥事が発覚すると、①まず高飛車に否定し、②証拠が出てくるまでは絶対に認めず、その後動かぬ証拠が突きつけられると、③恥ずかしげもなく、クルリと態度を変えて、一斉に頭を深く下げ「心からの謝罪」を表明する。

このすべてが欺瞞《ぎまん》的であることはわかりきっているのに、あきれるほど同じ光景が繰り返される。同じ人が②と③とのあいだに正反対の態度をとっているのに、人格分裂という自覚はない。③におけるひたすら神妙な顔は、ただウソが発覚したことによる後悔と自責の念だけに見える。現代日本人は(諸外国でもウソの構造は大同小異であろうが、私の体験の限りでは、とくに③の光景を目にしたことがない)、こうした「奇妙な力学」にあまりにも馴《な》れてしまい、その「おかしさ」を感じる能力が麻痺《まひ》してしまっているのではないだろうか? やはり、このすべては「おかしい」のではないだろうか?

しかし、たとえそう思っても、「代案」が思い浮かばない。なぜであろうか? それは、意外に思われるかもしれないが、こうした現象形態のすべてが西欧型近・現代社会(以下、「近・現代」はすべてこうした限定で使う)が必死の思いで勝ち取ってきた「よきもの」に基づいているからなのである。自由・平等・博愛をはじめ、それに連関する基本的人権や法治主義や罪刑法定主義、証拠主義……など、近代国家が信じて疑わない価値観がこうした態度を支えているのだ。

さらにこれらを絞りこんでいくと、人権と法治主義に行き着くように思われる。組織人はみな、法の網目をくぐって最大限の利益を上げようと努力をするが、その結果法に触れると、たちまち態度をくるりと変えて心の底から反省する。（とくに組織の中の）現代人はこのような醜悪きわまりない習性を身につけてしまった。こうした態度に対する反感や違和感もあるが、このすべては近代国家が勝ち取ってきた偉大なる価値に基づき、われわれの日常生活もその価値色で染められているのだから、「合法的な必要悪」として容認せざるをえないように見える。しかし、そうなのであろうか？

以上のことを言いかえれば「真実より権利」の優先と表すことができよう。刑法犯罪に眼を転じると、現代日本では、被告人に黙秘権を認めるのであり、加害者の少年の人権を守るために一切の顔写真を出さないのであり、加害者を被害者以上に手厚く保護するのだ。少年を殺害しその首を校門の前に置いた加害者（酒鬼薔薇聖斗《さかきばらせいと》）が、その事件をもとにした本を書き刊行することさえ（いかに世間の非難を浴びても）違法とは言えないという「おかしさ」を選び取っているのである。

こうしたダイナミズムに馴れ親しんできた現代日本人でも、ここ数年来燻《くすぶ》り続け、昨年（二〇一八年）猛烈に再燃してその後あっという間に鎮火した観のある森友・加計問題ほど「法に守られた真実」（すなわち「法に守られたウソ」）のあまりにも露骨な実例を見せつけられて、戸惑いを隠しきれなかったのではあるまいか？

それは、疑惑の対象人物が首相をはじめとする複数の政治家であり、財務省の官僚であり、近畿財務局の公務員であったことから、「真実より権利」の特殊例としての「真実より（広い意味での）法益」という原則が最も鮮明なかたちで出たものであった。安《あ》倍《べ》首相の言動が、驚くほど常識に反するものであっても、佐《さ》川《がわ》元理財局長の証人喚問のさいに、彼がたびたび「刑事訴追の恐れがあるから」と答弁を拒否しても、そこには「法に守られたウソ」と表裏一体をなした「法に守られた真実」があるとみなされた。

その結果、後に暴露された財務省の文書改竄《かいざん》に関して、安倍首相にも麻《あ》生《そう》財務大臣にも、（わずかな監督責任以外には）責任はないことになり、佐川元局長がすべて独断で仕組んだことになった。そして、検察はすべての責任を背負《しょ》い込んだ佐川元局長を嫌疑不十分として不起訴処分にしたのである（なお、今年〔二〇一九年〕三月市民からなる「検察審査会」は、これに対して不起訴不当の議決をしたが、検察が結論を覆すかどうかはわからない）。

以上のことは、前近代社会における訴追制度を引き合いに出さねば、とうてい納得できるものではない。前近代社会においては、権力にとって都合の悪い被疑者には、拷問を加え、無理やりに自白させ、それを唯一の証拠として有罪の判決を下すことが少なくなかった。これに対する反省が近代法（なかんずく近代刑法や近代刑事訴訟法）をかたちづくっていることは、読者諸賢がよくよくご存知のことであろう。

法学部に進んですぐの「刑法総論」の講義で、平野龍一《ひらのりゅういち》先生が、「一〇〇人の真犯人を逃がしても、一人の冤罪《えんざい》を防げればいいのです」と語ったことが忘れられない。冤罪は権力者の暴力的判断によって起こるだけではない。それは、まさにわれわれが情熱的に真実を追究するという態度そのもの、すなわち人間理性そのものから流出するのである。とすれば、人間理性に反して、真実を無条件で求めることを認めないような制度をつくらねばならない。それが近代刑法であり近代刑事訴訟法なのだ。

森友・加計問題が長引くにつれて国会における与野党の攻防戦もマンネリ化し、ジャーナリズムの暴露記事も枯渇し、「法に守られた真実」というレベルでの真実の追究が限りなく虚《むな》しくなった昨年（二〇一八年）五月に、もう一つの象徴的事件が起こった。それは、「日大アメフト事件」と呼ばれているものであり、日本大学アメリカンフットトボール部の内田正人《うちだまさと》監督が試合前に宮川泰介《みやがわたいすけ》選手に対し相手チームの選手を「潰《つぶ》せ」と命じ、それに従って宮川選手が相手チームの選手に背後から頭ごとタックルして怪我を負わせた事件である。

この事件の焦点は、内田監督の「潰せ」という言葉が「怪我をさせろ」という意味に解釈できるか否かであったが、ジャーナリズムはこぞって監督の横暴振りを報道し、関東学生アメリカンフットボール連盟もすぐに動いて、内田前監督と井上奨《いのうえつとむ》前コーチを除名し、宮川選手に対しては同情が集まり、シーズン中の出場停止という軽い処分に留《とど》まった。だが、世間でこの事件への関心も消えかかったころ、警視庁は内田前監督の命令がかならずしも「怪我をさせろ」を意味しないという理由により、二人に犯罪嫌疑を認めなかったのである。まさに、佐川元局長の不起訴処分と同様、法は常識やジャーナリズムとは異なるレベルで動いているということを象徴づける判断であった。

もう一つ挙げよう。昨年（二〇一八年）六月、高速道路で男Aがあおり運転を繰り返して一家四人を乗せたワゴン車を路上に停めさせ、言いがかりをつけている最中に、後ろから来たトラックが停止中のワゴン車に衝突して、夫婦が即死し娘二人が怪我をしたという悲惨な事件が起きた。どこから見てもAの悪質なあおり運転が二人の死をひき起こしたのだが、これに「危険運転致死傷罪」が適用できるか否か、すなわち「あおり運転によって、死に至らしめた」ケースに当てはまるか否かが注目された。

あおり運転をしたAが責任を負うことは、当然のように思われるのだが、弁護側は、Aの車は停まっており、他のトラックが被害者の車に追突して夫婦を死に至らしめたのであるから、Aの行為に危険運転致死傷罪を適用することはこの法律の立法者意思に反するという理由により、Aに対して無罪を主張した。昨年（二〇一八年）十二月、第一審の横浜《よこはま》地裁は、危険（あおり）運転を認めたが、少なからぬ法律専門家は、今後、上訴審でこれが覆される可能性もあろうと解説している。もし覆されてAが無罪になるとすると、この事件は今後「法に守られた真実」すなわち「法に守られたウソ」の典型例となるであろう。

ついでに、今年（二〇一九年）四月に起こった悲惨な事故について私見を語ってみたい。それは、八七歳の高齢者が、青信号の横断歩道を自転車で渡ろうとしていた母親と三歳の娘をはねて殺したという事故である。その後、連日テレビや新聞で報道され、高齢者運転について議論されているが、その老人に対する「怒り」が少ないことに驚いている。自分が車を運転できる状態でないのにかかわらず、運転し、結果として二人を殺したのであり、一つの家庭を破壊したのである。

その後、被害者の夫（父）が記者会見したが、身を震わせながらも、あまりにも紳士的であって、加害者を責めるときも敬語を使い配慮していることに対して、さらには「少しでも運転に不安のある人は車を運転しないという選択肢を考えてほしい」と訴える品行方正な態度に対して、大いなる違和感と驚きを抑え切れなかった。

しかし、参考までに、被害者が必ずしもあきらめず最後まで加害者の責任を追及する実例を挙げておこう。二〇〇二年七月のことであり、私はこのニュースをウィーンで知ったと記憶している。ドイツとスイスの国境付近で二機の飛行機が空中衝突したという大惨事である。その日は規則に反して管制官が一人しか配置されておらず、そのために管制責任者には禁錮《きんこ》刑および罰金刑が下されたが、現場の管制官は無罪となった。このことによって、七一人の死者が出たが、そのうちの妻子を失ったロシア人が、当該管制官が解雇もされていないことを知り、彼を捜し出して刺殺したのである。この殺人行為を肯定したいわけではないが、七一人を死に至らしめた管制官は、自分を極限まで責めるべきであったであろう。そして、少なくとものうのうと職務に留まっているべきではなかったであろう。

また、高齢者に対する過度の「配慮」にも、怒りがこみ上げてくる。高齢者は、現在の状態がそのまま維持できると考えてはならない。年々、いや日々体力も知力も衰え、記憶力も判断力も衰えてくる。まず、すべての七〇歳以上の高齢者は、謙虚にこのことを認めなければならない。そして、ほとんどの高齢者は働いておらず、若い者たちに養ってもらっているのだから、もっと謙虚になり、税金によって生かされていることだけでも感謝し、「威張るな！」と言いたい。

自分が老人（現在七二歳）になってみてよくわかるが、ただ長く生きているだけではまったく尊敬に値しないのだから、「敬老の日」など必要はなく、「年寄り」を「お年寄り」と呼ぶ必要もない。私は両親を尊敬していなかったが、同じように息子から微塵《みじん》も尊敬されたくない。昔だったら、姥《うば》捨て山に捨てられる身なのである。たとえ若いときにいかに社会に貢献したにせよ、「いま」は社会の「厄介者」であることを自覚して、過去の遺物の上に胡坐《あぐら》をかくのはやめるべきである。

さて、高齢者運転の話に戻るが、私は運転免許をもっていない。学生時代に免許を取りたいと言うと、家族全員が、おまえは事故を起こすに決まっている、おまえのように運動神経の鈍い者には運転する資格はない、という理由で反対した。私はあえて逆らわなかった。まったくその通りだと思ったからである。あのとき万一運転免許を取っていたら、いままでに何回も事故を起こして交通刑務所に入っていたであろうと確信している。

そういう者の言であるから、適度に割り引いて聞いてくれればいいのだが、二〇歳未満の者すべてに酒を売らないように、七〇歳以上の老人すべてから運転免許を取り上げるべきである。そのさい、二〇歳未満の者の個人差を無視するように、七〇歳以上の個人差も無視していいのだ。とにかく老人の最も劣化したところは、自分は「まだまだできる」と思い込んでいることである。車の運転が必要な老人もいる？　だが、銃と同じく、原理的に車は人を殺す凶器なのだから、いかに必要であっても、人を殺す可能性をもつ凶器を肉体も精神も劣化した高齢者に使用させてはならないのだ。

話がずれていくようなので、このあたりで軌道修正して、「はじめに」の最後にぜひ言っておきたいことがある。以上の事件に比べれば、蚊の刺したほどの事件であろうが、もう一つ、私の体内深くに沈殿している八年前の朝日カルチャーセンター（以下「朝カル」とする）との闘い（後に概要を紹介する）を、適宜織り込むことにする。「朝カル事件」（以下、こう呼ぶことにする）は、驚くほど鮮やかに「法に守られた真実」すなわち「法に守られたウソ」が生まれ出る仕組みを示してくれるからである。

「朝カル事件」を私は同僚に、編集者に、読者に、必死の思いで訴えたが、ほぼすべての人が共鳴してくれなかった。そして、訴えを聞いてくれたわずかな人によっても「現代社会ではよくあること」として片づけられてしまった。本書の大部分の読者にとっても、この事件はどうでもいいことであろうが、私にとっては身に突き刺さる体験的意味をもっている。この事件が、「ウソつきの構造」といういささか月並みなテーマにリアリティーを与えるために、一つの役割を演ずることをお許し願いたい。

「はじめに」の最後に、こうした一連の事件を通して、本書で私が提起したい問題を確認しておく。「法治国家」という美名のもとに、真実が外形的真実すなわち「法に守られた真実」という技巧物に変質している現状に、われわれはもっと疑問を感じなければならない。たとえ理念であろうとも、外形的真実のみならず「内面的真実」（この概念は後に正確に定義する）というものがあるのだ。それが完全に無視されて、「法に守られた真実」にすり替えられたことに、多くの者が「おかしい」と直感しながら、決定打を出せずに手をこまねいているのが、現代日本の状況ではないのか？

現代日本にゴマンと棲息《せいそく》している評論家たちは、こうした事態について侃々諤々《かんかんがくがく》の議論をしている。しかし、そのほとんどが、反権力という立場から権力の横暴や腐敗を嘆くだけであり、そうではない少数の評論家たちも、法治国家の枠を越えた視点に立つことはなく、せいぜい健全な法治国家と不健全な法治国家との差異性を強調するだけである。しかし、法治国家そのものの「うち」に根絶できない「悪」が潜んでいるのではないのか？　法治国家は人間の悪を容認いや育てさえするのだが、それにとって代わるものがないこと、このことこそ最大の問題なのではないのか？

この問題は「解決できない問題」であるが、まさに「解決できない問題」においてこそ哲学（者）の出番はあるのだ。具体的に解決すること、解決の方向を示すことではなく、それがなぜ解決できないかを熟慮して示すこと、これこそ哲学（者）の使命と言えよう（これは、最終章のテーマである）。

目次

はじめに　3

第1章　ウソに塗れた法治国家　25

善意のウソ　26
客観的真理と内面的真実　30
外形的ウソと内面的ウソ　39
なぜ、「ウソつき」と呼ばれると怒るのか？　43
「法に守られたウソ」がはびこる理由　48
現代日本に言論の自由・表現の自由はあるのか？　52
二種類の人種　56

第2章　ウソが誕生する瞬間　61

ウソが誕生するメカニズム（その①）　62

ウソが誕生するメカニズム（その②） 66
信用を維持するためのウソ 70
内面的ウソと自己欺瞞 73
些細なごまかしの堆積 76
「端的な真実」から「法に守られた真実」への推移 80
パレーシア 86
朝カル事件の発端 90

第3章　ウソが育っていく経過 97

リーガルマインド？ 98
刑法における「行為」と責任帰属 104
自白の心理学 108
ウソつきの盾としての「人権」 112
予見可能性 115
個別的因果関係 118

復讐欲を無にはできない　120
イワン・カラマーゾフの話　127
和解と調停の破綻　130

第4章　ウソと理性主義　135

ウソと法治国家　136
適法的行為と道徳的行為　139
真実性の原則と幸福の原則　142
無制限に善とみなされうるもの　145
「十歳の男児」でもわかること　149
根本悪　155
「嘘論文」　159
組織において弱い立場にいる人々　163
理性主義と感情　170
「真実」と「真実らしいウソ」　173

「ウソつき」の定義　175

第5章　哲学（者）の使命　181

「よく生きる」こととウソ　182
幸福追求とウソ　184
ペテロの裏切り　188
スタヴローギンの告白　190
人間は最終的には内面的真実を求める　194

おわりに　200

第1章　ウソに塗れた法治国家

善意のウソ

一般にウソをつくには理由がある。その理由には、他人に害を与えること、あるいは不当に自分の利益を得ることもあるが、「はじめに」で断ったように、本書ではこうした明確に人を害する目的でつくウソは排除する。というのは、これは見やすいウソであって、これを肯定する者はほとんどいないからである。こう言い切ると、たちまち「しかし他人に害を与え、不当に自分の利益を得るために、ウソをつかずには生きていけない場合もある」という反対意見が聞こえてくる。

これを考えるに、戦争や革命などの非常事態や苛酷《かこく》な専制国家を考えればいいであろう。例えば、戦前の日本において「アカ（共産主義者）」という嫌疑がかかれば、逮捕され、その後釈放されたとしても（まともな）職にはつけず、家族も共同体から排除された。そこで、このすべてを避けるために、ある者は特高に「自分はアカではない」とウソをつくことになるが、この場合もまた「（特高のメンバーはじめ、時の政策に賛同している膨大な）他人を害する」のであり、「不当に自分の利益を得る」のである。

こうして、正しい行為は「他人を害することはない」と言って済ませることはできない。さらに掘り下げていくと、「害する」という意味を確定することは、とくに当人の受け止め方を含めると、きわめて難しいからである。だが、「はじめに」で述べたように、本書の目的は、こうした善悪の判定が難しい分野（「アディアフォラ」という）に深く立ち入って「ウソ」を解明することではない。むしろ、民主主義、基本的人権、平等、思想や表現の自由、罪刑法定主義など伝統的な西洋的価値観を共有している現代国家、単刀直入に言えば現代日本に限定してその「ウソ」の深層構造を探究したい。

こうした限定のもとに、先の問題を見直してみよう。現代日本人に限ると、「他人に害を与えること、あるいは不当に自分の利益を得るという目的でつくウソ」を無条件に肯定する者はほとんどいないであろうが、「一定の条件のもとで」ならありうるであろう。「かつて自分に危害を加えた他人に害を与えるための、すなわち復讐《ふくしゅう》のためのウソ」を肯定する者はいるであろうし、「相手から悪く思われたくない（これが不当な利益である）ために、演奏会や展覧会で演奏者や出品者につくウソ」も肯定する者は多いであろう。それにしても、ほとんどの場合、当人は自分が「正しくない」ことを知っているであろう。

長々と考察したが、私は悪徳商法や振り込め詐欺のように、明確に相手に危害を与える目的でつくウソを排除しようと思うのであり、それ以外のウソはそれぞれ他人への害と自分の利益がはなはだ複雑に絡み合っていて、簡単に肯定も否定もできないであろう。こうしたことを見据えて、本書では、ウソがきわめて興味深い哲学的テーマになりえる場合、すなわち、ウソが「悪」ではなくむしろ「善」と結びつく場合（これを、カントにならって「善意のウソ」と呼ぼう）に限定して考察を進めてみたい。

さしあたり、思いつくままに挙げてみれば、次のような場合、人は容易にウソをつき、しかも「仕方ない」と思い込む。

（1）自分の利益・幸福を守るためにつくウソ
（2）自分の名誉・思想・信条を守るためにつくウソ
（3）他人を傷つけないためにつくウソ
（4）他人の利益・幸福を守るためにつくウソ

（5）他人の名誉・思想・信条を守るためにつくウソ
（6）自分の帰属している組織を守るためにつくウソ
（7）人間関係の安泰を維持するためにつくウソ
（8）社会の安寧秩序を維持するためにつくウソ

本書の副題は「法と道徳のあいだ」であって、世間では当然のごとく幅をきかせているこうしたウソを哲学から見るとどうなるか。いや、哲学といってもさまざまであるが、ここでは、私が長年（五二年間！）研究してきたカント（理性主義）の思想を視点にして開かれる眺望をくまなく観察し、かつ実地に踏査することにする。

それは単なる私の好みだからではなく、理性主義こそ他の学問や非学問的知との違いを明確に浮き立たせる哲学的立場だからであり、西洋哲学の機軸をかたちづくってきた立場であるからであり、さらにたぶんほとんどの現代日本人にとって最も理解しにくく、よって同意しにくい立場だからである。現代日本人の多くとカントの理性主義とは、思考（フーコー流に言うと「エピステーメ」）の枠組みが根本的に異なる。

ここであえて想像してみるに、現代日本人の多くは、（1）と（2）のウソは、あまりに露骨に出すと、反感を覚えるであろうが、（3）以下のウソを、奨励しないまでもある程度は容認するであろう。しかし、カントに代表される理性主義は（1）から（8）までを、総じて容認しないのだ。

大方の日本人には夢物語と思われるであろうが、カントによれば、真実を貫くことこそが理性的存在者であるわれわれ人間の使命（生きる意味）であって、これを投げ捨てたり、第二の位置に蹴落《けお》とすことは、（理性的存在者としての）人間としてあってはならないことなのだ。それは、（理性的存在者としての）人間が数学的真理に従わないことがあってはならないのと同様なのである。高度の数学的真理がさしあたり理解不能だとしても、それを承認しないことが理性的存在者にとって自己矛盾であるように、真実に反しウソをつくことは理性的存在者にとって自己矛盾なのである。

客観的真理と内面的真実

とはいえ、数学や自然科学の場合と異なり、ウソの場合に問題になるのは、厳密に客観的な意味での真理ではない。この規準をもってくると、ほとんどすべての人は、厳密な客観的真理を知らないゆえに、ウソつきになってしまうであろう。自然を地水火風で説明しようとしたアリストテレスはウソつきであり、非ユークリッド幾何学も量子力学もアインシュタインの相対性理論も知らずに、ユークリッド幾何学やニュートン力学を客観的真理の規準にしたカントは、ウソつきになってしまうであろう。

それは、どう考えてもおかしい。ウソつきとは、客観的真理に反して語ることではなく、自分の「自覚的信念」（以降、これを「内面的真実」と呼ぶことにする）に反して語ることである。例えば、ヒトラー政権下のドイツにおいて、隣に住むKがユダヤ人でないのにユダヤ人であると誤解して、「ユダヤ人だ」とゲシュタポに通報する者も、Kがユダヤ人であるのにユダヤ人ではないと誤解して、「ユダヤ人ではない」とゲシュタポに通報する者も、ウソつきではない。

Kがユダヤ人であると知りながら「ユダヤ人ではない」と通報する者、Kがユダヤ人でないと知りながら、「ユダヤ人である」と通報する者がウソつきなのであり、「ウソをつくべきでない」という法則は人道主義とは一応別である。後の通報者と並んで前の通報者もウソつきなのであり、それが妥当であるか否かは、また別の判断である。

こう言った瞬間に付け加えておきたいが、軽率な判断はどこにでもあり、完全な資料や証拠や記憶に基づいてということまでは期待できないが、権力や社会の大勢にそったウソ（後者）は、その逆のウソ（前者）よりはるかに容易に陥りやすく、ウソをついても危険が少なく、よってより悪質なことは確かである。

以上のようにウソつきを定義したうえで、カントのようにウソを完全に否定するのは、多くの現代日本人には現実離れのした理想主義に思われるであろう。だが、そう思われるのは、ほとんどすべての場合、ここに（広い意味での）自他の「幸福（すなわちソン・トク）」を混入させるからである。

ウソが自分自身に属する場合には、「内面的真実を語ると自分が不利益を蒙《こうむ》る」というふうにまとめることができ、ウソが自分以外の者に属する場合にも、内面的真実を語ると、自分の家族や恋人や友人、または恩人や先輩、さらには同僚や同郷者、同学校卒業生、同会社社員……に迷惑を及ぼすからであろう。これらの他人が自分に大切な人である度合いに応じて、こうしたウソは「自分が不利益を蒙る」ことに融合する。

しかし、自分の（広い意味での）仲間に限らず、アカの他人の幸福や利益を慮《おもんぱか》ってウソをつく場合もある。それがカントの言う「人間愛からのウソ」である。先の例を挙げると、隣に住むKがユダヤ人であると知りながら「ユダヤ人ではない」とゲシュタポに答える場合である。これは、他人の利益・不利益（極限的には生死）をナマの真実に加算してウソをつく場合であって、ウソの効用の限界状態であろう。そして、カントはこの場合のウソも許容しないのである。

カントは、すべての人は、いついかなる場合でも、あらゆる不利益を甘受して真実を語りウソをつくな、と主張しているのだが、このすべては「べし」のレベルで動いていることに注意しなければならない。同時に、カントは、われわれ人間はこう「すべき」ことは知りながら、ほとんどすべての場合、現実には守らないことを知っている。カントの視線はこのあいだのギャップに向けられる。

理性的な人間であれば、自分が不利益を蒙るがゆえにウソをつくこと、他人のウソを見逃すこと、それに加担することが（道徳的に）悪いということを知っているはずだ。それにもかかわらず現にウソをつくのは、そこに自他の幸福（すなわちソン・トク）を混入させ、それを内面的真実より上位に据えるからである。ほとんどの人は、内面的真実に反し（道徳的に）悪いとわかっていながらウソをつくのであり、このメカニズムこそカントが問題にしたいところなのである。カントはこれを「根本悪（das radikale Böse）」と呼んで考察を深めていくのであるが、後に（第4章で）立ち入って考察する。

もちろん、こうした見解に反対する立場もある。カントの直前から現れ現在に至るまで最もポピュラーである「功利主義」がその典型である。道徳的善さはもともと幸福を含むのであり、幸福と対立するものではないのであり、その中には、幸福こそ道徳的善さの指標だという立場さえある。

いや、西洋倫理学の歴史を振り返ってみれば、古代ギリシャのストア派もエピクロス派も、アリストテレスの倫理学も、さらにはキリスト教の倫理学も、何かしらの幸福をめざしていると考えられる。その場合、「精神的幸福」ないし「宗教的幸福」という概念をもち込めば、幸福を排除する必要はないであろう。そして、最近、欧米ではアリストテレス復活とともに、「徳倫理学（Vertue Ethics）」が隆盛であり、それは間接的であるにせよ、真実と幸福とを峻別《しゅんべつ》するカントの理性主義批判となっている。

しかし、カントはかたくなであり、いかなる形の幸福も倫理学に参入させようとはしなかった。それは、カント特有の鋭敏な（過敏なほどの）真実への尊敬、ならびにそれがいかに脆《もろ》いものであるかの自覚に基づいていると言えよう。そして、私は本書を、こうした諸々《もろもろ》の倫理学とは鋭く対立するカントの立場で書いている。それは、私の信念であって、信念を異にする人には訴える力をもっていないこと、ここに倫理学の限界があることも自覚している。

カントは道徳的善を幾何学的真理と同じく、いやそれ以上に（人間を超えて理性的存在者一般に通じるほど）普遍的であると信じていたが、私は文字通りそう信じているわけではない。だが、功利主義あるいは、後に（第4章で）触れるが「徳倫理学」に直行するほど道徳的善さの普遍性を疑っているわけではない。幾何学の普遍性とは別の意味での、しかし確固とした「普遍性」を有していると信じているのだ。その場合、最後までまったくわからないと言う人がいることも計算済みである。まさに、倫理学においては、幾何学においてのようには、すべての人が納得する仕方でその命題の普遍性を「論証」することはできない、と私は考えているのである。

そのうえで、さしあたり、その普遍性のありかを探ってみよう。これは語り方がたいへん難しいのであるが、一つは、人間が最も真剣になったときに何を望むかということを、よく観察し吟味し考察してみれば、そこにヒントを見いだせるであろう。日ごろ、「真実などわからない」とうそぶき、いい加減に生きてきた人が、わが子が誘拐されて殺されたときに、どのような態度に出るであろうか？　それでも「真実など相対的なものだ」と言い続けるであろうか？

そうではなく、やはり真実を、それも端的な真実を、犯人の内面的真実（真の動機）を知りたいのではないだろうか？　あるいは、振り込め詐欺にあい、老後の蓄えをすっかり失った老人は、どう考えるであろうか？　自分の愚かさや落ち度を死ぬほど責めると同時に、真面目くさった声で自分を巧妙に「騙《だま》した」犯人に心の底から憎しみを向けるであろう。真実に見せかけて人を騙すことが（道徳的に）悪であることは、「三角形の内角の和は一八〇度である」ことと並ぶほど真だ、と確信していることであろう。

そして、もう一つは、言葉にこびりついた「評価的意味」の普遍性である。すぐあとで立ち入って考察するが、「ウソ」とか「ウソつき」とか「騙す」という意味それ自身が担うマイナスの道徳的価値をわれわれは（ほとんど無意識のうちに）採り入れている。われわれは四六時中ウソをつきながら、「ウソつき」と言われると、「そうではない」と自己弁護し、場合によっては、侮辱されたと言って怒り狂う。自分の言動を棚に上げて、「ウソつき」という言葉にはマイナスの評価的意味がこびりついていて、それが非難の言葉であることを知っているからである。

こういう視点を導入して、カントに代表される理性主義の立場を冷静にとらえなおしてみると、じつは現代日本においても、それほど非常識な見解ではないのかもしれない。少なくとも、カントの次の分析は、現代日本においても、なお有効なのではないだろうか？

カントは、すべての人が自分（あるいは自分にとって大切な人）にとってのソン・トクを完全に排除してみれば、じつは自分が何を考え、感じ、希望し、行為のさいにはいかなる動機がはたらいているか、を明瞭《めいりょう》に把握していると考えた。もちろん、いまあるいは近い過去において、自分が何を見、何を聞き、何を語り、何を為《な》しているかを知っているのだ。

この一点において私は完全にカントに同意する。とくに「あとから」自分の内面的真実に対して疑問をもつようになるのは、かならずソン・トクが作用しているからである。この場合、自分自身に対して真実を覆す（自己欺瞞《ぎまん》）場合もあろうが、多くの場合、他人との関係（とくに他人からの責任追及）において、われわれはおうおうにしてソン・トクに左右されて、内面的真実を語らずに他のことを語ってしまう（ウソをつく）のである。

ここで注意しておくと、「内面的真実」とは、①私がそのときに考えたことや感じたこと、あるいは意図したことや想像したことなど、純粋に私にしかわからないことのみならず、②私がそのとき見たことや聞いたこと、あるいは語ったことや為したこと、言いかえれば、外界との関係のうちにある内面的真実も含まれる。

そして、おうおうにして、法的に争われるのは、後者（②）の内面的真実である。責任を追及される者は、当然見たはずのことを「見なかった」と語り、当然聞いたはずのことを「聞かなかった」と語る。当然、言ったはずのことを「言わなかった」と語り、為したはずのことを「為さなかった」と語る。

合理的（理性的）にはありえない状況であっても、本人が「見なかった、聞かなかった、言わなかった、為さなかった」と言い切ってしまえば、どうにか追及をかわすことができるように思われるが、ここでソン・トクという要素を入れて考え直してみると、こういう非合理的な言い切りとそれを肯定すると本人がソンになるところとが見事に一致することがあぶり出しのように現れてくる。それは、ことごとく偶然の一致なのかもしれないが、そう解するよりも、本人がウソをついていると解したほうがずっと自然に納得できるのである。

外形的ウソと内面的ウソ

なお、確認しておくと、理性主義の権化とも言えるカントが提起するのは、ウソそれ自体が道徳的に善いか否か、という問題なのであるが、おうおうにしてこの問題提起はすぐに忘れ去られてしまう。多くの人は、外形的ウソはきっぱり拒否するが、その分だけ内面的ウソ、とくに当人が「そのとき見たことや聞いたこと、あるいは語ったことや為したこと」に関する法的に問題になるウソを、疑いつつも受け容《い》れてしまう。確定的反証が挙がらない限り、それがウソであることは確証できない、とあっさりあきらめてしまうのだ。

しかし、まさにここに哲学はこだわる。当人が「そのとき見たことや聞いたこと、あるいは語ったことや為したこと」を否定し、それに反して語ることは、いかに反証が挙がらなくても、まさにウソの極致、よって道徳的悪の極致ではないだろうか？

むしろ、ウソにまつわるほぼすべての問題は、内面的ウソにおいてこそ生ずる。というのは、外形的ウソを原理的に肯定すると、そもそも社会が成り立たなくなることを、誰でもよく知っているからである。ウソをつくことを原理的に称賛する社会を考えることができようか？　借金を返すと言いながら決して返さない人を（単に許容するのではなく）称賛するのであり、学歴詐称の人を称賛するのであり、振り込め詐欺グループを称賛するのである。ニセの広告を掲載する広告主を称賛するのであり、資格がない者の医療行為を称賛するのである。

それどころではない。電車の時刻表はすべて真っ赤なウソなのであり、天気予報もウソなのであり、火災警報もウソなのであり、銀行の預金通帳にもウソが記載されているのであり、商品の値段もすべてウソなのだ。病院のカルテもウソであり、医者の診断もウソであり、薬剤師もウソの薬をくれるのだ。家を購入しても、不動産屋から渡された鍵《かぎ》もウソであり、登記簿もウソなのだ。飛行機の安全点検もウソであり、ウィーンに行こうと思っても、ウィーン行きの飛行機も、搭乗券も、パスポートもウソなのだ、いやパイロットもウソなのであり、飛行場もウソなのだ……。

というわけで、外形的ウソを原理的に肯定する社会は、想像を絶して住みにくい社会、いや人間が住めない社会となることはすぐにわかる。ある独裁国家があって、すべて国家機密であって、国民には政権の維持のための統一的ウソばかりが伝わってくるとしても、それ以外のほとんど（例えば天気予報や列車の時刻表）はウソではないであろう。かつての大本営発表がウソだらけであったとしても、当時でもやはり列車の時刻表はウソではなかったのであり、ほとんどの家の売買契約も、入学試験の結果もウソではなかったのである。

こうして、じつのところ総体的な外形的ウソは誰も望んでいないことがわかる。外形的な真実は、とりわけ近・現代社会においては広く市民一般に要求されていて、それに対する制裁（近代法）も整備されている。すべての市民は、さしあたり外形的ウソをつかないように用心して生きていると言えよう。

しかし、――ここを強調したいのだが――外形的ウソをつくことに厳しい制裁が科せられていればいるほど、そして市民がそれに従順であればあるほど、人間の欲望はほとんど限りがないので、それを充《み》たすには、膨大な内面的ウソをつかざるをえなくなるのである。

このダイナミズムをカントは見抜き、「文化の悪徳（das Laster der Kultur）」と呼んだ。それまでと異なり近・現代において法や制度が整備されるにつれて、外形的ウソは徹底的に監視され、その結果外形的ウソが激減したのだが、その分だけ各人のうちで、ますます内面的ウソが繁茂することになった、というわけである。

しかし、――興味深いことに――内面的ウソが許容されるにしても、ただちに道徳的に善いわけではない、という一般的了解もなお維持されている。よって、外形的ウソを回避することに成功した者に向かって、さらに内面的ウソをついたのではないかと追及すると、政治家も、公務員も、企業家も、私人も、こぞってこれを認めたがらない。

こうして、現代日本社会は外形的ウソを巧妙に回避し、その分だけ内面的ウソを容認する人で充ち溢《あふ》れているように見えるが、内面的ウソをそれ自体として道徳的に善いとみなす人がほとんどいないことも確かであろう。まさにここに、哲学は切り込み、ここに隠されている「何か」をえぐり出すことに全力を傾けるのである。

なぜ、「ウソつき」と呼ばれると怒るのか？

森友問題がたけなわのとき、安倍首相は国会の予算委員会で、質問に立った野党議員に対して「私をウソつきと言ったことは許せない！」と強い口調で反論していた。私にとっては、きわめて印象的な場面であった。ちょっと反省してみればわかるが、いかなるウソつきでも「私はウソつきです」と自己紹介する人はいない（政治家や官僚ならなおのことである）。また、人から「ウソつきだ」と言われて、それを誉《ほ》め言葉だと解することもない。ウソを巧みにつく人でも、「ウソつき」と言われると、それを非難として受け取るのだ。

しかも、この場合、――興味深いことに――ウソに外形的ウソのみならず内面的ウソも加えたうえで、自分は「ウソつき」ではないと居直るのだ。安倍首相は「私は証拠に残るような外形的ウソをついていない。しかし証拠に残らない『そのとき見たことや聞いたこと、あるいは語ったことや為したこと』に関しては内面的ウソをついているかもしれないが」とはけっして言わなかったし、これからも言わないであろう。

なぜか？　なぜなら、理性的存在者としての彼は、外形的ウソのみならず内面的ウソをつくことも政治家として、いや人間として、道徳的に悪いということを知っているからである。だからこそ、彼はこう言わざるをえないのだが、まさにこう語ることがふたたび新たな内面的ウソを産み出すことになるのである。

以上はすべて推測であり、安倍首相が「ウソつき」かどうかは知らないが、なぜ一般にわれわれは四六時中ウソをつきながらも「ウソつき」と呼ばれると怒るのか？　先に提起したこの問題を、ここで立ち入って考察してみよう。

ここには、哲学的にきわめて興味深い領域が広がっている。すべての言葉は「価値」をもっていて、子どもは言葉を習い始めるや、その記述的意味のみならず評価的意味も正確に学び取る。親や先生から「いい子」と言われると喜ぶのであり、「悪い子」と言われると悲しむのだ。「頭がいい」とか「かわいい」と言われると喜び、「頭が悪い」とか「かわいくない」と言われると悲しむ。いかなる反抗的な子でも、こうした言葉の有する価値に抵抗できない。子どもにとって、「よい・悪い」という意味は相対的ではない。親や先生が望んでいること、それをすると誉められることが「よいこと」であり、それをすると叱られることが「悪いこと」なのだ。そして、あらゆる子どもはこの「深層文法」を学ぶことによって言葉を学ぶのであり、これを学ぶことのできない子は言葉を学ぶことができないのだ。

そして、この深層文法、すなわち価値は、その後大人になるまでめんめんと保存される。残酷なことに、その後、さまざまな教育によって、あるいは自発的な努力によって、固定の価値観から逃れ出たとしても、われわれは言葉のもっている根源的価値（その社会で認容されている価値）を拭《ぬぐ》い去ることができないのだ。

どんなに人間の平等を信じ、階層社会の残酷さに抵抗しても、「貴族」とか「ブルジョワ」という言葉、あるいは「秀才」や「美人」という言葉は、肯定的に響き、一方「貧乏人」や「怠け者」という言葉は否定的に響くのである。どんなにフランスが嫌いでも、フランス語は耳に美しく響き、「パリ」や「コート・ダジュール」は高級感のある響きを発する。

ここにすべての差別語の鍵がある。ある否定的価値のこびりついた言葉を他人に向かって投げつけるとき、「記述的意味」と並んで非難という「評価的意味」が露出して、相手をずたずたに切り刻むのである。ある男を「残忍だ！」とか「軽薄だ！」とか「のろまだ！」とか「下品だ！」と呼ぶことは、それがたとえ客観的記述であるとしても、すでに非難の意味をもってしまう。「でぶ」や「はげ」や「ぶす」など、あらゆる差別語が、記述的意味はおおよそ正しいとしても、いや正しいからこそ禁じられるのも、このためである。

ここ数十年のあいだに社会的被差別者を指すような言葉は、次々に公的世界から追放されていった。こうして、「女中」「下男」「小使い（さん）」「百姓」「日雇人夫」「餓鬼」などはいまだに意味を維持しているが、若い人には「パンパン、ニコヨン、ハンバ、ウマズメ、アメ公、ロスケ」などの言葉の意味がわからないであろうし、そうなると、たとえ調べても語の響きまで学ぶことができないので、すでに差別語としては社会的に死滅してしまっているのである。

そして、「ウソつき」も、疑いなく否定的価値を有する言葉の部類に入る。それゆえに、たとえ「ウソつき」という言葉が安倍首相の言動に正しい記述的意味を付与しているとしても、そう呼ばれて安倍首相は怒ったのである。

付言すると、「ウソ」と似た言葉に「騙す」という言葉がある。ある人が意図的にウソをついて他人に危害を加えるとき、われわれはその行為をとくに「騙す」と表現するが、騙す行為が（道徳的な）善であるとみなす人はいないであろう。たしかに、振り込め詐欺に遭った老人のように、騙された者は愚かかもしれない。しかし、彼（女）が不道徳的であるわけではなく、やはり振り込め詐欺によって老人を騙した者が不道徳的なのである。

こうして、われわれが「（内面的ウソも含む）ウソつき」や「騙す」という言葉に否定的価値を籠《こ》める限り（そうでないまともな社会は考えにくい）、理性主義は単なる幻想的理想主義ではないことがわかる。たとえすべての人が「生きるためには、ウソもつかねばならない」と確信し、現にそう語り、そう実行しているとしても、だからといって直ちにウソを（道徳的に）善いと認めていることにはならないのである。

こうして、われわれが「（内面的ウソも含む）ウソつき」という言葉に否定的価値を与えている限り、すなわち、（政治家のみならず）あらゆる人が「私は外面的ウソをつかないが、内面的ウソはついているかもしれない」と臆面《おくめん》もなく主張しない限り、やはりわれわれは内面的ウソを含むウソを（道徳的に）悪いとみなしている、とも言えるのである。

「法に守られたウソ」がはびこる理由

では、こうした事態において、「法に守られた真実」すなわち「法に守られたウソ」は、なぜ社会的にうまく機能するのであろうか？　そして、多くの人が、それに苛立《いらだ》ちながらも、それを食い止められないのであろうか？　再度、確認すると、それが人類のかつての愚かさを反省し理想を求める態度から生い育っているからである。

以下、大方の読者が知っていることであろうが、なりゆき上かいつまんで語ってみると、（西洋において）キリスト教会の権威と権力が強かった時代、教会ないし国家は個人の内面にまで入り込み、教義に反する者を回心させ、従わない者に対しては火刑をはじめとして残虐な刑罰を加えた。

こうした凶暴な行為は、一群の「悪い奴」が自己利益（エゴイズム）のためになしたことではない。上はローマ法王から一介の熱心なクリスチャンまで、地上におけるキリスト教の支配という理想を維持しようとする態度からなしたことである。森島恒雄《もりしまつねお》氏は『魔女狩り』（岩波新書）において、いかに多くの善良な市民が魔女の火刑に喝采《かっさい》し感動しながら薪をくべたかを語っている。

イギリスによる苛酷なインド支配も、ただ植民地を得るためだけになしたのではない。それなら、誇り高いイギリス人は自尊心を保持できなくなるであろう。自分たちは「インドに文明をもたらす」役割を演じていると信じていた（信じるふりをしていた）ゆえになしたのである。ナチスの支配下にあったドイツも、純粋なアーリア人による第三帝国という理想の実現のために、ユダヤ人を迫害した。戦前のわが国においても「大東亜共栄圏」の樹立（欧米列強からのアジアの解放）という壮大な理想を掲げて、支配者たちは国内のそれに抵抗する者（例えば、共産主義者たち）を迫害し、アジアの国々に侵入したのだ。

以上の事例を見ればわかるように、人類の歴史において、一定の人種、民族、社会集団に対して危害を加えることが自己目的であるような暴力的行為はかつて一度もなかった。あらゆる暴力は何らかの理由により正当化され、まさにここに徹底的な言葉の迫害があり、「端的な真実」はかき消され「法に守られた真実」すなわち「法に守られたウソ」が大量に跋扈《ばっこ》することになったのだ。

さらに、このことにもまして、「法に守られた真実」すなわち「法に守られたウソ」には、「取引制度の安全」という動機が大々的に作用している。商行為の安全ないし能率をめざすために、外面的行為が重んじられ、そのためには当事者の内面には立ち入らないことがむしろ必要なのである。その典型は「契約主義」であり、契約の効果はその外面にあり、それを締結するさいの当事者の内面にはよらない。外面的行為ないし契約の文面のみが真実性の判定基準になる。契約文書にサイン（という外面的行為）をすれば、とくに脅迫などの強制が認められない限り、それがすなわち内面の表明とみなされるのである。

　これは意外に広い射程をもっていて、受験の意志（前述のように、法学では「意思」と表記する）は願書を提出することによって確認され、結婚の意志は市区町村役場に婚姻届を提出することによって確認される。言いかえれば、ある大学に願書を出さない場合は、受験の意志がないものとみなされ、市区町村役場に婚姻届を提出しない場合は、結婚の意志はないものとみなされる。外面の行為と内面の意志とが、事実上食い違うこともありうるが、近代私法の根幹をなす契約主義はこの食い違いを認めない。これをさらに言いかえれば、法は契約という外面的行為をもって、「法に守られた真実の意志」とみなし、これに反する心理学上の意志を真実とは認めないのである。

　とはいえ、――これが重要なところであるが――契約主義は、自然法則のようにわれわれを必然的に縛るわけではなく、時代を超え地域を超えた絶対的真実であるわけでもなく、（先に言ったように）内面的真実ですらなく、ただ取引制度の安全という目的に基づいているだけだということを忘れてはならない。

現代日本に言論の自由・表現の自由はあるのか？

ここまでは、平板な教科書的説明である。私の真に言いたいことは、こうした歴史の積み重ねによって近・現代社会においては、「法に守られた真実」すなわち「法に守られたウソ」が極端なまでに肥大してしまったということである。もはや「真実の言葉」とは、各人の心の底から出た言葉ではない。フロイトやラカンの言うように、その多くは検閲にかかって体内に留《とど》まり、口から出てくる「真実の言葉」とは、社会的に容認された語るべき言葉なのである。

とくに政治家や公務員、企業の経営者など広い意味で公的地位にいる人は、公的な場ではウソを語らざるをえない。人種や女性や障害者やＬＧＢＴ（性的マイノリティ）に対する何らかの差別意識をもっているとして（これはある意味で人間として「自然」である、といって容認すべきことにはならないが）、公的な席でそれを語った瞬間、いや、ほのめかした瞬間に厳しい制裁が待ち受けている。昨年（二〇一八年）九月の事件であるが、『新潮45』が、ＬＧＢＴに対する差別を擁護する記事を載せたことで、ゴーゴーたる非難を浴び、ついに休刊に至ったことは読者の記憶に新しいであろう。

カントの言葉を使えば、このような「言語統制」が敷かれているのは、（広い意味での）幸福のためである。幸福の前で真実が犠牲になっているのだ。いや、さらに状況は苛酷である。人種や女性や性的マイノリティや障害者を差別するような真実は、そもそも真実とさえみなされなくなっている。さらには、そのような差別的思想や偏見の持ち主は、正常な理性をもっていない者、異常者と扱われてしまう。まさに現代版の「魔女狩り」である。

こうして、現代社会では、「法に守られた真実」がきわめて制限されているから、（広い意味での）公人は語る内容にきわめて神経質になり、ついホンネを語ってしまったら、――考えてみればおかしなことに――その後「失言だった」と自己反省しなければ、クビが飛ぶのだ。

最近の政治家の発言から二、三とり上げてみれば、人口減少を憂えて、杉田《すぎた》水脈《みお》衆議院議員が昨年（二〇一八年）七月発行の『新潮45』に「ＬＧＢＴは子供を産まないから生産性が低い」と書いたこと、東京オリンピック金メダル候補の筆頭に挙げられている水泳の池江《いけえ》璃花子《りかこ》選手が白血病になったことを聞いた櫻田《さくらだ》オリンピック・パラリンピック担当大臣が、記者団に囲まれ「がっかりしている」と語ったこと〔今年〔二〇一九年〕二月〕は、まさにどこから見てもホンネ〔この場合は真に思っているという内面的真実〕の吐露であろう。その後〔今年〔二〇一九年〕四月〕、櫻田大臣は、高橋比奈子《たかはしひなこ》衆議院議員のパーティーでの挨拶《あいさつ》の際に「〔被災地の〕復興以上に大事なのは高橋さんだ」と語って、即座に大臣を辞任した。現代日本では、政治家がこうしたホンネを語ることは許されないどころか、問答無用の袋叩《ふくろだた》きに遭うのである。

いいであろうか？　誤解のないように付言しておくと、政治家はいつもホンネを語れとか、いつもタテマエを語れ、という単純なことを言いたいわけではない。政治家が「真に思っていること」を語った結果として、多くの被災地の住民を傷つけたのなら、彼は政治家の適性を欠くというだけである。むしろ、私が声を大にして言いたいことは、こういう事件が起こると、これに続いてあからさまなウソが続くことである。袋叩きに遭うや否や、ほとんどすべての政治家は「本心ではなかった」と語り「失言」を認める。これこそ真正のウソなのであり、政治家として、いや人間として最も道徳的に悪いのである。

こうして、現代日本ではウソのありかがきわめて見えにくくなっているから、あえて繰り返して言うが、子どものない者、産めない者、産みたくない者を配慮すべきであり、白血病になった者、被災地の者の苦しみを気遣うべきだという定型的な優しい気持ちが、暴力的でマグマのように莫大《ばくだい》なウソを排出させるということである。

現代日本の報道機関の活動のかなりの部分が、政治家をはじめとしてこうした（広義の）公人の「問題発言」を摘発することに躍起になり、公人の側は、それに乗せられて自己の発言の弁明（これこそウソ）に終始しているように思われる。とすれば、報道機関は正義を旗印にしながら、その背後でウソを増殖させているとも言えるのではないだろうか？

とはいえ、私はこうした現象を大上段に構えて非難しているのではない。歴史的に見ても現代世界においても比較的平穏な現代日本社会は、表向きは真実を追究しウソを摘発するという道徳的態度をとりながら、じつのところ莫大な内面的真実を犠牲にして成り立っていること、すなわちこの大きな溝を読者諸賢に訴えたいだけである。この点では、魔女狩りのころと大差はない。

いや、もっと悪いかもしれない。というのは、現代日本社会は、言論や表現の自由があるというタテマエではありながら、ある領域に入るや否やまったくその自由はなく、しかも、なお人々は言論や表現の自由を享受していると思い込んでいる（思い込まされている）という極度に欺瞞的状態にあるからである。

二種類の人種

カントは、ウソに関して他のいかなる哲学者にも及びえない洞察に達しているが、一つの決定的な盲点がある。それは、われわれが組織の一員としてウソをつかざるをえないという構造に対する考察がない点である。官職や地位や役割が人々に膨大なウソをつかせるのだ。

内閣総理大臣としては、自民党議員としては、財務省の官僚としては、そうは言えない等々、「～としては」という限定のもとに、人は、あたかも個人とは別のもう一つの人格をもっているかのように振舞い、役割として強制されながら、それを承認するという意味で意図的に、個人としての本心、すなわち真実を語らないのである。その結果、先に述べた「失言」のようなきわめて「ヘンなこと」が大手を振ってまかり通ることになる。

森友問題において、地下埋蔵ゴミのために当該土地の値段を大幅に値引きするという一連の理由は、どう考えてもヘンなことである。加計問題において、安倍首相が加計《かけ》孝太郎《こうたろう》氏と数年にわたって親しく会っていても一度も獣医学部新設のことは話さなかった、という事実もきわめてヘンなことである。また、首相秘書官ともあろう人が、加計氏と会ったことを首相に一切伝えなかったこともヘンなことである。財務省の大幅な文書書き換えが、佐川元局長の一存でおこなわれたこともヘンなことである。

こうしたヘンなことが山積みになっても、「法に守られた真実」が威力をもつ限り、このすべてがウソであるという決定的証拠がない限り、正当化されてしまう。野党議員がいかにいきりたってヘンであると追及しても、そのすべてが推定の域を出ないとみなされてしまうのだ。

その後、選挙に勝って余裕と自信を取り戻した安倍首相が、いかにも冷静かつ神妙な口調で「森友・加計問題については、真相解明のために国民に丁寧に説明していく」と語っていたが、自分（あるいは政権や自民党）に不利になりそうなことに関してはいささかも丁寧ではなかった（ここでまた一つウソが加算された）。まさに「法治国家」における「法に守られた真実」すなわち「法に守られたウソ」の枠内で勝ちを確信した者の余裕のあるセリフであった。

こうした一連の出来事をあらためて反省してみるに、現代社会において排出される大量の「善意のウソ」のほとんどは、国家、政党、官庁、地方公共団体、企業、学校、病院、組合……などの組織が産み出すものであることがわかる。現代日本社会で誰もが搦《から》め捕られ、痛めつけられながら、しかもかなりの程度法的に守られているゆえに、けっしてつかないでいることができないウソは、組織の成員としてつかざるをえないウソなのである。

こういう想定のもとに、先に（1）から（8）まで挙げたさまざまな「善意のウソ」のうち、本論では、（6）の広い意味でのウソ（これは、組織という概念を拡大すれば（1）から（8）までのすべての善意のウソの基盤となっている）に焦点を絞って考察を進めたい。組織は国家から官庁や会社を経て家族に至るまで、その構成員にウソを繁殖させる本性をもっている。

組織の意志と個人の意志のあいだにはある程度のズレが生ずるのは当然である。その場合、組織の意志を変革するのは大変な労力を必要とし、（解雇あるいは地方ないし閑職への異動という）危険と背中合わせであろう。とはいえ、組織の意志に賛同せずに組織に留まっていることは、組織の意志を自分の意志より優先すること、さらには自分の意志を殺すことであり、これは「自分に対してウソをついている」ことになろう。こうしたジレンマは組織に所属する限り、誰にとってもほとんど避けがたいことである。

とはいえ、すべての人が組織の強要するウソに同じように対しているわけではない。むしろ、この試金石によって、全人類は大きく二つの「人種」に分かれるように思われる。一方では、このことに何のためらいも良心の呵責《かしやく》もなく平気でウソをつく人、そして他方、こういう状況に投げ込まれた自分を責めて悩み苦しむ人である（苦しみの結果ウソをつくかもしれないが）。このことをヒントにして、以下、「ウソつき」とは何かを考察していきたい。

第2章　ウソが誕生する瞬間

ウソが誕生するメカニズム（その①）

ウソはあるとき誕生する。それまで、警戒していなかったのであるが、ある日のあるときを境に、ある事象Ｓに関してこのまま放置すると自分ないし自分の身内ないし自分の属する組織に不利益が及ぶと悟るや否や、人はほとんど自然必然的にウソをつくことに傾いていく。その場合、ウソの発端のメカニズムは驚くほど似ている。これまで自分が行為してきた事実・語ってきた事実（Ｓ）はもはや消去することができないので、これから生じると予測される不利益を鑑《かんが》みて、Ｓに対する自然な記述（これをＳ１とする）を一部変更して解釈Ｓ２へと移行するのだ。

この方向に舵《かじ》を切らずに、ただちにＳ１を撤回する道も原理的にとりうるが、おうおうにして、この段階で撤回することによる世論の非難を恐れて、Ｓ２の道をとってしまう。これが、ウソの生みの親である。

そして、いったんこの道を歩み始めたら、Ｓ２をＳ３、Ｓ４……へと次々に微妙に変化させていってその場をしのいでいく。しかし、やがてどうしてもＳ自身を撤回せざるをえないことを悟ると、一挙に事実をSからTに変更させ、S4から出てくるはずもないT1という解釈に乗り移るのである。この段階に至るや元の道を引き返すことはできず、T1はさらにT2、T3、T4を生み育てるようになる。

以上の論理を森友・加計問題に即して見なおしてみよう。まず、森友問題であるが、国有地払い下げという問題が生じないうちは、安倍首相も昭恵《あきえ》夫人も籠池《かごいけ》氏とつきあい一緒に写真を撮るなどの無防備な行為に出ている。とりわけ昭恵夫人は、学園が新設する小学校の名誉校長さえ引き受け、その教育方針に「感動した」と述べている。これがSであり、その記述がS1である。

しかし、森友学園への破格な国有地払い下げ問題が表沙汰《おもてざた》になるや否や、安倍首相はこうした一連の事実を修正するようになり、かつては籠池氏の教育方針に対して賛同的態度を示していたのに、突如、自分は籠池氏とも森友学園とも何の関係もないと言いはじめる。突然のSからTへの乗り移りである。こうして、T1が生まれる。

さらに、昭恵夫人も、籠池夫人との頻繁な連絡を中止し、自分のブログから森友学園関係の記述を削除して、沈黙を守りはじめる。これがT2である。こうしているうちに、一昨年（二〇一七年）二月一七日、衆議院予算委員会で野党議員から「森友学園との何らかの特別な関係」を激しく追及されると、首相の口から「私や妻が関係していたということになれば、私は総理大臣も国会議員も辞める」という発言が飛び出す。

ここで事態は急変し、すべてはこの発言と整合させねばならない、すなわち「安倍首相と森友学園とのあいだには特別の関係があった」ことにしてはならない、という方向に流れていく。これがT3である。ここに至って、あらゆる問題は森友学園と首相および昭恵夫人との「関与の程度」に絞られていく。昭恵夫人が森友学園に「関与している」ことは明らかであるので、野党側は夫人の国会への証人喚問を要求するが、首相も自民党もこれは断固拒否する（これを拒否しなければ、安倍首相の発言ももう少し真実らしくなったであろう）。このことによって、かえって昭恵夫人の関与の程度が高く見られることになったように思う。これをあえてT4と呼ぼう。

こうしているうちに、森友学園への国有地の売却に当たっての大幅な値引きの根拠が、国会でえんえんと議論されるようになる。いわゆる「埋蔵ゴミ問題」であり、ここに埋蔵ゴミによる大幅値引きの根拠が合理的でないとなると、首相ないし昭恵夫人の関与が間接的に推量されることになり、そうすると首相は辞職しなければならなくなる、というはっきりした構図が描かれてくる。したがって、いかなる屁理屈《へりくつ》を重ねても、大幅な値引きは「合理的であった」と言わねばならない。これがＴ５である。

しかし、議論の決着はつかず、そのうち案件は財務省の文書改竄《かいざん》問題へと飛び火した。これもまた、あの首相発言を受けてなされたものだという推量が成り立つからである（後に当時の佐川局長自身がそう証言した）。だが、そのさい、文書改竄は理財局独自の判断でおこなわれたとされた。これが解釈Ｔ６である。なぜなら、首相ないし官邸ないし財務大臣からの指示があったとしたら、やはり首相の関与が推量されるからである。

こうして、衆議院議員選挙をはさんで一年に及ぶ紛糾の末に、森友学園への国有地売却に関しては安倍首相も昭恵夫人も何の関与もなく、また、財務省理財局の文書改竄に関しても、官邸も財務大臣も何の関係もなく、すべては佐川元理財局長の判断でなされた、という誰も納得できない「法に守られた真実」を確認して、さしあたり幕が下ろされた。

ウソが誕生するメカニズム（その②）

次に加計問題であるが、互いに参照したのではないかと思われるほど、森友問題とウソの進展の仕方が似ている。大方の読者は熟知していると思われるので、概略だけをたどると、何十年もストップがかけられていた獣医学部新設が、突然愛媛県今治《いまばり》市に認可されることになった。認可されたのは、首相の盟友である加計孝太郎氏が理事長及び総長を務める加計学園であった。これが真実Sである。

こうした一連の事実は当然疑惑を呼び、国会はその認可が公正であったか否かを巡って紛糾した。はじめは、認可の不自然性に関してS1→S2→S3と解釈は揺れ動いていったが、一昨年（二〇一七年）七月二四日の衆議院予算委員会で安倍首相が「私が加計学園獣医学部新設計画の申請を知ったのは今年（二〇一七年）の一月二〇日だ」と発言したことにより（これが、SからTへの争点の移行である）、議論はこの発言の不自然さに移っていった（首相の発言がT1にほかならない）。

これに関して、さらに安倍首相は加計氏と何回も会い、ゴルフし会食しながらも、「ただの一度も獣医学部新設に関しては話していない」と語った。これがT2である。

首相がこう語る理由は、認可公表前に加計氏と獣医学部新設についてひとことでも話していれば、首相が獣医学部新設に関して不公正な影響を及ぼすことになるからである（と解するとわかりやすい）。

その後、政府ないし自民党の姿勢は、この首相発言とつじつまを合わせることに終始した、と言っていい。その典型例が柳瀬《やなせ》元首相秘書官の発言である。認可前に加計学園関係者が官邸を訪れたことをはじめ否定し（これがT３）、それが複数の他人の証言と証拠によって覆されると、今度はその事実を首相に一切報告していないと証言した。首相秘書官ともあろう人が頻繁に首相に同行しても首相にこの重要な事実を一度も報告していないと言うのである。これがT４である。

それにしても、柳瀬氏が国会における参考人招致の直前に、追いすがる記者に対して「自信はあります」と冷静に語っていたことが、その悪びれたところのまるでない顔と共に印象的であった。「私が加計学園獣医学部新設計画の申請を知ったのは今年（二〇一七年）の一月二〇日だ」という安倍首相の発言を覆すほどの他の証拠は出ないはずであり、そのカギを握っている自分は、法的には内面的真実に触れることは一切要求されていないのだから、完全に乗り切れる、と確信している者の顔であった。そして、案の定、参考人招致における彼の態度は落ち着きはらっていて、見事に（？）国会を乗り切った。

どうであろうか？　あるとき、忽然《こつぜん》とウソの種子は誕生する。そして、その後は誕生してしまった種子とつじつまを合わせるために、ありとあらゆる努力を積み重ねる。その過程で、ときには脱線しそうになるが、めげずに完全に転覆するまでは最大限の努力をする。そして、うまく脱線を免れると、「はじめから、どこにもウソはなかった」という自信に満ちた態度をとり戻す。そして、場合によっては、自分の力不足によって、多くの人に「誤解」を与えたことを深く反省し、詫《わ》びさえする。森友・加計問題は、あたかもこういう組織の力学の模範例のようではないか（これも単なる印象であるが）？

ここでとりわけ大事なことは、これほどの不自然な発言（その一部は明らかにウソであることが判明した）をし続けても守りたい「何か」があるということである。その「何か」とは、首相および内閣の安泰、さらには自民党の安泰、ひいては（自分たちが考える意味での）国家の安泰であろう。そして、すべては「そこ」から見直すと驚くほどわかるのであるが、そうでないと驚くほどわからないのである。

政治家や官僚がいったん公の席で口にしたことをあとから訂正するには、相当の勇気が必要である。軽率な発言を吐く者と見られてしまうからであり、確固たる信念をもっていないと見られてしまうからである。そこで、どうにかして過去の言動と目下の問題との整合性を求めて画策する。その場合、最もありふれた、しかも反論しにくい画策、よって最もずるいやり方は、さきほど述べたように、「自分は全然そう思ってもいなかったのに、結果として人々に誤解を与えるような言い方をしたことを詫びる」という方式である。もっとも、この弁明が成り立たないこともある。「そういう発言をするのは、日ごろから職務に対する自覚がないからだ」とやり込められると、うまくかわせないこともある。最近の櫻田大臣の辞任劇はそういう筋書きをたどったものである。

こうして、一般に、一人の政治家は外形的真実に加えて諸発言の無矛盾性、一貫性を維持しなくてはならぬゆえに、いかなる些細《ささい》な過失からであっても、いったんついたウソをどうにか「弁解」しなければならなくなり、その過程で、はじめは見えないほど小さかったウソは、どんどん生育していって大木になっていくのである。

信用を維持するためのウソ

ここで、政治から企業へと目を転じてみよう。そこでも「ウソ」は猛威を振るっている。誰も端的な真実を求めようとはしないで、いや、端的な真実というものがすでに理解不能になった状況で、まじめ腐った表情でお詫びや心からの反省を繰り返す光景が、途切れることなくテレビ画面や新聞紙上で見られる。もう慣れっこになってしまい、恐ろしいことに、誰も深々と頭を下げる人々が心から反省しているとは思わない。一種の儀式であり、いまとなってはこうすることが（企業イメージを保つためには）トクだから、そうしないとソンになるから、というあからさまな功利主義が見え見えである。

これも政治家や官僚の場合と基本的に同じ構造をしているが、企業は常に最大の利益を追求する組織であり、一定の社会の中でそれをしなければならないのであるから、その社会の価値観を受け容《い》れなければやっていけない。こうして、すべての企業は環境問題に熱心になって取り組み、障害者差別・女性差別問題に真剣に向きあっているという態度をとるのだ。

これは、意図的に内面的真実を覆い隠しているのではない。いやいやながらウソをついているのでもない。しかし、企業の利益とは無関係に賛同しているとは言えないという意味で、巧妙なかたちでの内面的ウソと言っていいであろう。

これに関して、違ったふうに見えてじつは同じ穴の貉《むじな》というべき内面的ウソを指摘しておこう。昨年（二〇一八年）十一月のことであるが、ＴＯＫＩＯのメンバーＹが未成年者に酒を飲ませたあげく性行為を強要した（具体的にいかなる行為かはわからない）という事件が起こった。未成年者への性行為強要はたしかに賞賛されるべきことではないが、あくまでも現代社会の価値観に沿った罪である（こうした種類の法的犯罪に関して、私は比較的相対主義をとる）。

現代日本では、（普通の）殺人事件より電車の中の痴漢事件を大々的にとり上げるのであり、一般的に性犯罪に対してきわめて敏感になっている。それは、中世の魔女裁判にも似たヒステリックな反応であって、政治家も、官僚も、企業家も個人（有名人）も、わずかな油断によって命取りになりかねない。社会から袋叩《ふくろだた》きにあい、仕事を続けられなくなる恐れがある。よって、加害者は心から反省するのである。

ＴＯＫＩＯのメンバーＹの事件が明るみに出た瞬間に、ほぼすべての企業はＴＯＫＩＯの出演するＣＭを中止した。そして、ＹはＴＯＫＩＯのメンバーから外され、事務所からも契約を解除された。これは、もう見飽きたほど「普通の」処置である。こうした処置に不快を覚えなかったわけではないが、私がとりわけ不快に感じたのは、その直後のテレビ受像機に映る他のＴＯＫＩＯのメンバーたちの、おそるべき極悪犯罪をなしたかのような「神妙な態度」である。

なぜ、このような態度に出るのであろうか？　相手の女性に対して償おうにも償いきれない重大な責任を感じているからであろうか？　いつも一緒にいながら、Ｙに忠告できなかった自分の至らなさゆえであろうか？　テレビでは、Ｙを除いたメンバーたちは、ほとんど憔悴《しょうすい》しきった顔つきでそう語っていた。

しかしどう考えても、その苦渋に満ちた顔つきには、もうＴＯＫＩＯとして、さらにはミュージシャンないしタレントとして仕事ができないかもしれないという危機感がべったりとこびりついている。

彼らは被害者の女性を慮《おもんぱか》っていないわけではないが、同時に、ひたすら自分たちの行く末を考えていて、どうすれば最も効果的に視聴者の反感を回避できるかを考えている。ここに支配しているのは、典型的な自己欺瞞《ぎまん》的態度であって、このメカニズムは自分でも気がつかない深いレベルで忍び寄ってくる。思わず泣き崩れても、身の潔白のために自決してさえ、自己欺瞞はありうるのだ。このあたりは、サルトルの「自己欺瞞論」が参考になる。

内面的ウソと自己欺瞞

サルトルは、人間存在を「対自（pour soi）」と呼んで、「即自（en soi）」と呼ぶ他のあらゆる存在から区別した。「対自」とは自己意識を有する存在であって、自分自身に対している存在である。これを言いかえると、自己自身のうちに「無」を抱えている存在であり、「私は、私ではないところのものであり、私であるところのものではない」。こうした基本構造によって、人間存在は、必然的に自己欺瞞に陥る。なお、「自己欺瞞」は、“mauvaise foi（悪い信仰）”というフランス語の松浪信三郎《まつなみしんざぶろう》氏による訳であるが、適切であろう。

サルトルは、例えば、好意を寄せる男がふと自分の手に触れたときの女が、一瞬、それに気づかぬかのように振舞う、というシーンを設定して話を進めていく。サルトルの分析は鋭い。

彼女は、彼女自身の身体の現存を――おそらくは悩ましいまでに――深く感じながらも、彼女自身の身体であらぬものとして自己を実感する。彼女は、彼女自身の身体を、一つの受動的な対象として、自己の高所から見おろす。（『存在と無』第一分冊 サルトル全集第十八巻、松浪信三郎訳、人文書院、一七〇～一七一ページ）

サルトルの挙げる例は、七〇～八〇年前のフランス映画のようなシーンである。このシーンとそのサルトルの解説は、女性に性欲の直接的表出が禁じられている、という前提がないと理解できないであろう。カント的に言えば、「～であるべき自分」と「～である自分」とが明確に分離している場合に、自己欺瞞は明確なかたちで浮かび上がるのだ。

現代日本においては、このようなタイプの自己欺瞞は極小にまで減少したが、これに代わって（?）、「女性差別」への批判が厳しくなっているからこそ、同じように「～であるべき自分」と「～である自分」とのギャップが明確になり、自己欺瞞が成立しやすくなっている。

サルトルの挙げる例の場合、女が恐れているのは（相手の男に軽蔑《けいべつ》されることと並んで）、「社会的信用」の失墜であろう。これは他者によく思われたい、悪く思われたくないという欲望であり、まさにソン・トクである。そして、現代日本においても、とくに何らかの社会活動をする場合、最も重要な要素は「信用」であろう。信用を得られない政治家、企業、大学、病院、個人営業、商品等々は退却していく。とくに、俳優、タレント、芸人、ニュースキャスターなどの人気商売は、必ずしも実力ではなく、不特定多数の人気（信用）によって成り立っているのであるから、人気（信用）を維持することを至上命令にすることになる。

サルトルは、他人の視線に対する対自（人間存在）のあり方を「対他存在」と呼んだが、こうした人種は、まさに「対他存在」だけから成っているかのようである。彼らは、不特定多数の他人の視線を意識した生活を余儀なくされるが、これは、おうおうにして内面的真実を殺すことになり、ウソに塗れ、自己欺瞞に塗れることになる。こうして、Yの不祥事をめぐるTOKIOのメンバーの態度は、（いかに真実だと抗弁されても）やはり信用を維持するための自己欺瞞的な「神妙な顔」と解釈されても仕方ないのではなかろうか。

些細なごまかしの堆積

ウソには、国家や民族の運命を左右するような重大なウソもあるが、むしろ「些細なウソやごまかし」をけっして無視してはならない。まさにこうした些細なウソの積み重ねが、人間の心情を腐らせるのだ。カントは次のように言う。

取り立てて誠実というわけでなくただ人並《ひとな》みに誠実な人でも、時として次のような経験をしたことがあるのではなかろうか、すなわち——かくべつ害のないような嘘をつけば、嫌ないざこざから身をひくことができたとか、あるいは自分に親しい、そしてまた自分の為にもなってくれた友人に利益を与えることができたというような場合に、さて自分自身の眼でそっと見るときの自分を軽蔑の対象とすることは許せないというだけの理由で、その嘘を思いとどまったような経験である。（『カント　実践理性批判』波多野精一・宮本和吉・篠田英雄訳、岩波文庫、九二ページ）

こうした「とくに害のないようなウソ」こそ、（古代ギリシャ風に言えば）その人の魂を腐らせるのである。それは、他人に危害を加える目的でつくウソではないからこそ、自分自身の検閲をくぐり抜けてしまう。振り込め詐欺のようにはじめから他人を騙《だま》してカネを巻き上げる目的でウソをつくことは、もちろん非難すべき行為であるが、これが悪いことは自他ともに承知している。よって、この行為を「善い」として擁護する危険はない。しかし、「かくべつ害のないような嘘をつけば、嫌ないざこざから身をひくことができ」るからこそ、ウソはずんずん堆積《たいせき》していき、次第に大きな山を築くようになるのだ。

こうした類《たぐい》のウソは、ニーチェの言う「畜群」すなわち、あらゆる危険に近づかず、他人との対立を避けることを信条にしている弱者の特性であろう。彼らはきわめて善良である。優しさにあふれていて、自分を押し出すことはなく、常につつましく穏やかで、親身に他人の話を聞いてやり、エゴイストとは正反対の人種に見える。しかし、これ以上のエゴイストはいないのである。なぜなら、彼らはとにかく「いざこざ」が苦手なのであり、人と人とのいかなる対立でも発生するや否や、眼を閉じ、耳をふさいで、完全な保身態勢に入るからである。彼らは、自分の身に危険が及ぶと察知するや否や、それまであれほど親切にしていた他人をやすやすと見殺しにする。

当然のことながら、彼らはウソに塗れた組織の中でも絶対にそれに異を唱えない。彼らの身体には「保身」の一文字が貫通していて、健全な怒りの炎が消えている。よって、組織のウソを告発する者の気持ちがわずかにわかっても、そういう者とかかわりになることを避ける。そして、そうした者が組織の上層部からにらまれて辞職に追いやられても、まったく意に介さない。彼らは、常に用心してすらすらと「かくべつ害のないような嘘をつ」く、そして、「嫌ないざこざから身をひく」のである。

カントが挙げる二番目のウソも「畜群」特有のものであろう。彼らは、いつも身の保全を保持することに全神経を注いでいるから、「自分に親しい」者や「自分の為にもな

って くれた」者のウソにはきわめて寛大である。なぜなら、そのウソを告発することによって、こうした大切な者から嫌われたくない、そしてその結果として有形無形のソンをしたくないからである。

私は長く哲学界に所属し、大学にも所属し、いわゆる学者との付き合いが多いが、反省してみれば、学者仲間ほどウソが横行している場もないであろう。とくに、将来学者志望の大学院生や研究助手などの若手研究者が、主任教授や学界（それが同時にさまざまな「学会」でもあるのだが）の年長教授に対して「本当のこと」を言うのはたいそう難しい。ほとんどの若手研究者は「かくべつ害のないような嘘をつけば、嫌ないざこざから身をひくことができ」るがゆえに、年長教授の面前ではあえて批判的見解を述べない。とはいえ、とってつけたようなお世辞を言うことも自尊心が許さないので、いきおい彼らから逃げ回るようになる。

こうして、学界においては、盗作や剽窃《ひょうせつ》はきびしく監視されるのに、それを補うかのように、学者の集まるところはどこでも、「かくべつ害のないような嘘」がおびただしく繁茂している。そして、ほとんどの若手の研究者は、その分だけ仲間内では年長教授たちの人間性と研究内容を嘲笑《ちょうしょう》し軽蔑することによって、「バランス」を保っている。そうしなければ、学界では生きていけないからである。

これまで私は、学問的には優秀であっても年上の教授（指導教授）と対立したゆえに研究者としての生命を絶たれた人をたくさん見てきた。彼らの多くが、「かくべつ害のないような嘘をつ」くのが不得手だったと言ってよく、全国の大学の専任教師に納まっている者の多くが、そんなに不得手ではなかったと言っていいであろう。私自身、危ない橋を渡ってどうにか四〇歳で専任の職を得た。このことに関しては、拙著『東大助手物語』（新潮文庫）を参照されたい。

閑話休題。次第にテーマから逸《そ》れていくようなので、この話はここで打ち切ろう。

「端的な真実」から「法に守られた真実」への推移

ウソはじわじわと成立するようでもあるが、はっきりウソが誕生する瞬間というものも否定できない。それまでごく自然に冗談を言い合い、相手に配慮しながらも、軽く非難めいた言動もしてきた仲が、ある時を境に相手を警戒するようになり、必死で身を守り、自分に不利なことを一切言わない、という硬直した態度に固まっていく。その瞬間、端的な真実は被《おお》い隠され、いや、そんなものはないとすら主張されて、すべてが「法に守られた真実」すなわち「法に守られたウソ」へと推移していく。そして、ウソを追及する側もウソをついて身を守る側も、「法」というレベルに限定した真実とウソを巡るゲームに夢中になる。

このゲームに勝つか負けるかが真実解明（すなわちウソ解明）の唯一の基準であって、必死に身を守る側がこのゲームに勝った場合、それによってはじめて身の潔白が証明されたと思い込み、負けた場合は、残念ながら証明されなかったと思い込む。ウソを追及する側も同様である。こうして、奇妙なことに、このゲームの勝敗によって遡《さかのぼ》ってある事柄が真実であるかウソであるかがはじめて保証されるとされるのである。

森友・加計問題においては、完全な真実はいまもってわからない。しかし、前者の場合、森友学園への国有地払い下げに関しては、あるとき（籠池氏の国会証言によると）「神風が吹いた」ように交渉が進展し、大幅な値引きによって払い下げられることになった。それ以前から昭恵夫人が森友学園の教育方針にシンパシーを覚え、当該国有地に新たに小学校を建設する計画を知っていて、そのあいだたびたび籠池氏と会っていたことも事実である。担当の役所である近畿財務局が当該国有地を大幅に値下げした理由は、そこに大量のゴミが埋蔵されていたことであるが、この根拠が不透明である（ウソが含まれている可能性がある）ことについて、国会でえんえんと議論が繰り返された。そして、籠池氏の国会への証人喚問はすぐに決まったのに対して、自民党は昭恵夫人と夫人つき秘書の証人喚問をどこまでも拒否した。

まさにウソに塗れていると推察される事件なのであるが、それでも劇的にウソが誕生する瞬間があった。それは、安倍首相が予算委員会において「私や妻が（この事案に）関係していたということになれば、私は総理大臣も国会議員も辞める」と公言したときである。

この直後から財務省内部で膨大な公文書の改竄があり、後に当時の佐川局長が、首相からも官邸（菅《すが》官房長官）からも、麻生財務大臣からも一切指示がなく、自分の一存で首相ならびに夫人関係の書類の破棄ないし改竄を指示した、と証言した。真相は解明されないままであるが、何度テレビを見ても、新聞を読んでも、ニュース解説を聞いても、ストンと腹に落ちてわかるということがない。

すべてが見通しの悪い靄《もや》に包まれていて、なかんずく国有地大幅値下げの理由であるゴミ埋蔵の説明が何度聞いても納得できないまま、昭恵夫人はまったく関与しなかったが、近畿財務局が夫人の存在を（勝手に）「忖度《そんたく》した」、という座り心地の悪いところに留《とど》まったまま、さしあたりこの事件の幕が引かれた（ようである）。

安倍首相と昭恵夫人は疑惑の矢面に立たされたが、首相は「丁寧に説明する」と口では言いながら、どう考えても「丁寧に」説明しなかったし、昭恵夫人の国会への証人喚問を最後まで拒否し続けた。なぜなのか？（あくまでも真相はわからないが）自分と夫人さらには安倍政権ないし自民党を守るためである、としか考えられない。こうした政治家の動静分析は、これまで飽き飽きするほどなされてきた。

だが、本書の目標は、安倍首相のウソを告発することではない。昭恵夫人の関与ないし近畿財務局の忖度という筋書き（A）を挟み込むと、すべてがすっきり解明され、それ以外の筋書きはほとんど考えられないのに、なぜ一連の関係者は、Aを採用せずに、座り心地の悪いところにずっとい続け、しかもどうにか「もちこたえること」ができるのか、しかも、なぜ、こういう不思議な事態が、あたかも自然現象のように生じてしまうのに、まったく手の打ちようがないのか、ということの解明である。

加計学園の獣医学部新設問題においては、さらに不透明感（ウソらしさ）は増した感がある。安倍首相が親友の加計氏に特別の計らいをしたという筋書き（B）に基づく疑惑が生じたのであるが、この場合、Bを挿入するとすべてがストンと腑《ふ》に落ち、B以外の筋書きをもってきても、まったく納得できない、という構造は同じである。

この事件は、森友問題以上に不自然なことが多すぎた。安倍首相が加計学園の申請の事実を知ったのが、あまりにも遅いという印象を与えながらも、首相はこの不自然さにしがみついた。これは、筋書き（B）以外の何をもってきてもわけがわからない。しかし、首相が獣医学部新設の公表前に加計氏と連絡していたという筋書き（B）をもってくると直ちにわかるのだ。

柳瀬元首相秘書官が、その前に官邸で加計氏と会いながらも、その事実を首相に「伝えなかった」と言い張ったのも奇妙なことであった。いかに柳瀬氏が「そういうこともありうる」と答弁しても直感的に受け容れられない。というのは、もし柳瀬氏が首相に事実を伝えたとすると、先の安倍首相の証言とつじつまが合わなくなるからであり、これを恐れてウソをついていると仮定すると、すべてがあっという間に氷解するからである。こうして、森友・加計問題は、最初のウソがそれとつじつまを合わせるために第二、第三、第四……のウソを産み出していく、と仮定すると見事に解読できるモデルをじつに鮮明に示している。

なお、この事件を通じて私があらためて感じたことは、法治国家における「法に守られた真実」のあり方に対して、多くの人は納得しているように見えて、究極的には納得できないのだなあということ、法治国家であるからこそ設けられているさまざまな「よきもの」を総動員して、政治家も官僚も慎重に答弁しているのだが、やはり単純にそれを聞く人の心には届かないのだなあということである。

人々は法治国家のルールを認めていてもなお端的な真実が知りたいのだ。ウソが嫌いなのだ、騙すこと・騙されることが嫌いなのだ、ということである。これは、私にとって大きな発見であった。

パレーシア

森友・加計問題が再燃したときに、内面的真実こそ限りなく尊いことが証明される事件が期せずして勃発《ぼっぱつ》した。先に取り上げた「日大アメフト事件」において、事件の後、宮川君がひとりで記者会見にのぞみ、監督の指示のもとにタックルしたことを告白した。翌日、内田前監督と井上コーチは、宮川選手に暴力タックルをするように指示した覚えはないと語り、さらにその瞬間を見ていなかったと語った。

この事件に対して、すぐに関東学生アメフト連盟が動きだし、一方で、宮川君の証言をほぼすべて認め、他方、内田前監督と井上前コーチの発言をさまざまな証言と映像記録によって完全に否定した。まさに歌舞伎の舞台のような勧善懲悪劇であった。その後、警視庁は、内田前監督と井上前コーチに対して「犯罪の嫌疑なし」（すなわち、相手チームの選手に暴力タックルを加えろという命令を出した確定的証拠はない）と判定して、それを東京地検に報告したことは先に触れた。

ここで考えるべきは、こうした警視庁の判断である。「法に守られた真実」のレベルでは、警視庁の判断は正しいであろう。まさに、森友問題において、佐川元局長に対しても不起訴として、「疑わしきは罰せず」という近代法の原則を適用したことと同じである。しかし、この二つの事件に関する検察および警察の判断は、かえって「法に守られた真実」の性格をあらわにしたように思う。そのすべては、絶対的真実ではないということである。

もちろん、扇動的ジャーナリズムが絶対的真実を表明しているわけではない。絶対的真実は「わからない」というあり方で保留しておくことこそ、正しい態度なのではないだろうか（これもまたカントである）？　各人は「法に守られた真実」を絶対視することなく、すべての「法に守られた真実は絶対的虚偽である」というように無理に逆転することもなく、それは、あるきわめて限られた視点においてのみ正当であることを知るべきなのである。そして、各人は自分自身の全経験と全知性と全感受性に基づいて、すなわち、全責任をもって「法に守られた真実」に限定されない端的な真実を判定すべきなのだ。

そのさいに、一つの指標を挙げておこう。日大アメフト事件を通じて、私が深く印象づけられたことがある。それは、日ごろ「何が真実かわからない」というクールな態度

（？・）をとっている人も、実情を知らないながら、宮川選手の記者会見と内田前監督の記者会見を見比べただけで、宮川君が端的な真実、すなわち彼が「そのとき見たことや聞いたこと、あるいは語ったことや為《な》したこと」をそのまま語っていると信じたことである。

長く哲学に携わってきたからこそ痛感するのであるが、（大方の意見とはたぶん正反対だと思うが）現代日本に生きているわれわれは、論証や証拠のみから真実を決定するという手続きを尊重しているが、じつのところ、それらを超えた「端的な印象」からかなりの内面的真実はわかってくる。そして、われわれは究極のところでは「法に守られた真実」ではなく端的な真実を知りたいと欲しているのだ。

ここに、あらためてフーコーが強調する「パレーシア」という概念が浮かびあがってくる。すなわち、内面的真実、言いかえれば「誠実」は、自分が不利になっても真実を語るというところにこそ潜んでいる。ある人が誠実であるかどうかの見分け方はきわめて簡単であって、ある人がある証言Bをする場合に、Bが彼（女）に何らかのトク（利益）をもたらす場合は、彼（女）が誠実かどうかの判定は見送る。だが、Bが彼（女）

に明らかなソン（不利益）をもたらす場合、彼（女）を誠実であると判定していいのだ。

安倍首相が夫人や加計氏の国会証人喚問を断固拒否しながら、他の事実をいかに丁寧に説明しても、財務省が、森友学園への国有地の売却問題でゴミの埋蔵による値引きがいかに合理的だと語っても、その発言の背後に自己利益にしがみつく姿勢が見える限り、うわべだけの誠実さと思われてしまうのである。

森友・加計問題からふたたび日大アメフト問題に目を転じてみよう。すると、光景は一変し、これほど鮮やかに目に見えるかたちで「パレーシア」が示されたことは奇跡的でさえある。記者会見後、宮川選手が真実を語っているという強烈な印象を人々に与えたのは、監督を一方的に責めるわけでもなく、それに従った自分を何よりも責めているこの証言が、彼に何の利益ももたらさないからなのだ。

この記者会見は、翌日の前監督とコーチの記者会見との対比によって、ますます光を放つようになった。彼らの颯爽《さっそう》とは言いかねる態度も含めて、彼らの証言に真実味がないのは、その証言通りだとすると、彼らがトクをするからなのだ。テレビも新聞報道も、「パレーシア」という概念こそもち出すことはなかったが、その思想をそのまま伝えていたように思う。

朝カル事件の発端

この章の最後に、「はじめに」で予告した通り、朝カル事件に照準を合わせて、「ウソつきの構造」を立ち入って観察してみたい。もちろん、朝カル事件など、森友・加計問題とは比較もできないほどの些細事であることを私は自覚しているが、まさに私が当事者であった手前、ウソが誕生し育ち行く姿を詳細にたどることができ、その意味で組織とウソとの関係についてこれ以上ないほどの「教材」を提供してくれる。もっとも、そうした私事には関心がないという方は、この小見出し部分を飛ばして第3章に進んでも構わない。

朝カル事件については、すでに数度に亘《わた》って(『真理のための闘争』河出書房新社、『明るく死ぬための哲学』文藝春秋、『七〇歳の絶望』角川新書)取り上げたが、すべて朝カルのウソを一方的に告発するものであった。だが、私はその後、朝カルのウソは、組織(企業)の本性に属するものであって、企業が企業である限り、「ウソつき」の性格を変えることはほとんどできないと思うようになった。

その朝カル事件であるが、発端は、きわめて些細なことである。二〇一一年六月に拙著『明るいニヒリズム』（ＰＨＰエディターズ・グループ）が刊行されてすぐの八月、朝カルからその本の紹介を兼ねた講義をしてもらいたいという依頼を受けた。そのときまで一七年にわたって、私は朝カルでさまざまな講座をもっており、とくに、五年前から「純粋理性批判を読む」という講座を、また少し遅れて「実践理性批判を読む」、さらには「判断力批判を読む」という講座を開いていた。いずれも、一コマは二時間であった。

先の講座の日程を組む段になって、担当事務員のＫさんが「暑いし一時間半でいいですね」と何気なく言った。しかし、八月末に家に送られてきた「謝礼明細」には、いつもの一コマ二時間の講座と同じ額が振り込まれていた。

これは何かの間違いだと思って、早速九月の朝カルの開講日（「判断力批判を読む」が二コマ四時間続く）に、Ｋさんに訴えると、思いがけず「先生、一コマのお謝礼は一時間半でも二時間でも同じです」と伝えられた。このことを私は一七年間朝カルで教えていて全然聞かされていなかったのでそう告げると、Ｋさんは「えっ、本当に知らなかったのですか？」と驚きの声を上げた。
その日の講義を終え、講師控室に戻って、私はKさんに「納得できないので、しばらく（十月から）私が担当しているすべての講義を休講にする」と伝えた。それから、私は講座部長のIさんに、受講者全員に私がなぜ休講するのかを正確に伝える手紙を郵送してくれるように頼んだ。Iさんは私の面前で「ご受講のみなさまへ」という手紙を書き、ただちに（九月二一日）、受講者全員に送ってくれた。これには次の文章もあった。

先生のご指摘を受け、私どもが中島先生に開講時間についての説明を怠っていたことを、深く反省しました。その都度二時間の講座をご承諾いただいていたとはいえ、開講時間についての話をせずに本講座を続けておりましたことは、先生のご指摘通りです。

問題は、朝カル側が契約締結時にこうした時間と謝礼のシステムを私に教えてくれなかったことだけなのであるが、その不備を担当事務員のKさん、私がはじめて朝カルで講義したときの担当事務員のＡさん、講座部長のＩさん、教室長のＨさんに訴えると、彼らすべてが口をそろえて私に謝ったのである。Ｋさんは私の前担当者で当時立川《たちかわ》教室の教室長であったＮさんに連絡し、すぐに彼女から私に直接メールが届き、次のように自分のミスを認めていた。

（前略）ある時期から（理由があって）一部の講座に一時間半枠を取り入れたさいに、先生に、あえて「一時間半と二時間とのどちらになさいますか」とはお聞きしなかったのだと思います。二時間でも延長される中島先生の授業を一時間半にとは、考えられなかったのだと思います。（中略）聞きもしないで勝手に判断した、私の初動ミスと言われれば、その通りかもしれませんし、それについては深くお詫びいたします。また、引き継ぎにミスがあったと言われればそれもその通りというよりほかありません。

その後、朝カル側の窓口は新宿《しんじゅく》教室の教室長であるＨさんに絞られ、彼女から朝カルの正式見解を示す手紙が届いた。そこでは、朝カル側は講師に一コマ当たりの講義時間について相談する必要はないことが強調されていた。私は、メールで、それならすべての事務員が私に「お詫び」したことが解せない、と問いただした。すると、十月一七日にHさんから二通目の手紙が届いた。

（前略）そもそも講座の時間設定について選択肢をお示しすることはありませんので、前担当者に怠慢があったことにはならないと考えております。前担当者の言葉は、先生がどのようなお考えでおられるのか、うかがおうと思い至らなかったことに対するお詫びとご理解ください。現担当者（Kさん）の発言も、自分自身の思いを率直に述べたものです。先生とのあいだでこのような行き違いが生じたことについて、とても残念だと感じており、その気持ちを申し上げたものと受け止めています。

おわかりであろう。まさに、ここでウソが誕生したのである。この文面は、「講座の時間設定について講師に選択肢を示すことはない」という事実Sに、つじつまを合わせることに奮闘している感がある。というのも、事務員たちの態度や残された文書から、どう考えてもＳは疑わしいのだが、Ｓが疑わしくなると、講師との契約が無効になる可能性があるゆえ、朝カルはここに固執するのだ。さらに、考えてみるに、事務員すべてがＳを誤解していたという事実Ｔもありうるが、そうすると、やはりそういう怠惰な事務員を配置した責任が問われるので、Ｔは採用できない。

こうして、朝カルはＳにしがみつくほかない。こう解したときのみ、森友・加計問題と同じく、事務員たちの態度や文書と食い違うＨさんの主張の意味が単純明快にわかるのであり、それ以外の解釈をいくらもち出しても、何らかの不明瞭《ふめいりよう》な点が残るのである。

第3章　ウソが育っていく経過

リーガルマインド？

第1章で考察したように、近・現代社会では、外形的に最低限のつじつまが合っていれば、そして明らかな反証となる証拠が挙げられなければ、どんなに全体がヘンだと感じられても、常識では考えられないと思われても、さしあたり「ウソではない」とみなされ、これが直ちに「真実である」とみなされてしまう。本章では、この構造をさらに探ってみよう。

さしあたり確認しておくと、現代日本社会、とくに官庁や役所や会社や学校や病院などの組織において、「ウソではない」すなわち「真実である」とは「法的に守られた真実」を意味し、法という自己完結した世界において「真実である」ということである。この淵源《えんげん》をたどればカント倫理学をはるかにさかのぼって、ローマ法にまで行きつくであろう。

しかし、法と道徳とのあいだに明確な線を引いたのは、カントである。カントは、科学によって確認されるような対象のあり方を「存在（Sein）」とし、法や道徳の対象のあり方を「当為（Sollen）」として峻別《しゅんべつ》し、しかも後者を前者より優位にあるとした（実践理性の優位［Primat der praktischen Vernunft］）。これは、道徳が知覚や感情ではなく理性に基づくことを意味する。道徳的な善は、押し寄せる感覚や感情に左右されてはならず、理性そのものに問いかけて決定されねばならないのだ。

しかし、こうした理性主義において「当為」の領域を道徳から法に移動させると、光景は一変し、法における「正しさ」である適法性は内面的真実を求める道徳性と激しく対立することになる。それは、適法性が共同体の安定（法的安定性）や取引制度の安定性を目指しているからである。そして、何よりも法益として、生命や財産を守ることをめざしているからなのだ。嘱託殺人でも行為者は罰せられる。その理由は、法が生命そのものを法益として守るからである。自分の家に放火しても放火罪が適用される。その理由は、法が家財という法益を守るからである（この場合は、周囲の安全という意味もある）。

ここで、少々法学理論に立ち入れば、これは（私が学んだ平野先生などの主張する）、「結果無価値論」の見解であって、「行為無価値論」の立場からすると、放火や殺人という行為自体が無価値であることになる。この区別を使えば、本書の論述は一貫して結果無価値論に基づくものであることを自覚している。

さらにこうした法益の擁護は、おうおうにして常識に反することになる。現代日本においては、家出した息子が自宅の窓から侵入しても建造物侵入罪で訴えられうる。その場で盗まれたのでない限り、ある男が自分の時計を盗み、ある日その手首にまさに自分の時計をした当の男にふとめぐり合っても、力ずくで奪い返してはならない。時計に対する所有権は、権利の行使の仕方によって制限されることになるが、これも法的安定性を重視するからである（これを「自力救済の禁止」という）。

また、盗品でも、善意で（知らずに）買った場合は、購買者に罪はないとみなされ、法定利得を超える「高利貸し」に対して借り手が「それでもいい」と言うのなら、民法上の責任はあるが刑法上の責任が問われることはない。商取引にはなるべく国家権力が介入しないという原則（自由競争経済社会の保護）のためである。

そして、カントの場合、法とは学問上の「ローマ法」と理性に基づく「自然法」を意味していた。カントは自然法を一七世紀のプーフェンドルフの著作から学んだ（この中にすでに法と道徳の違いが明記されている）が、その後ヴォルフに受け継がれた。こうして、ドイツにおいて自然法は一七九四年（カントが七〇歳のとき）に成立したプロイセン一般国法にまで影響が及んでいる。

しかし、一九世紀以降、イギリス、フランス、ドイツという西欧先進国において次第に実定法が整備されてくるとともに、「正しさ」は条文の解釈という一点に集約されることになる。成立している条文にどれほどの広範な言いを盛り込めるか、法設定者が予想しなかった事態が発生した場合、それをどれほど「柔軟に」解釈できるかが問題になり、これこそ法学教育の要《かなめ》になっていく。一方で、杓子《しやくし》定規的解釈を戒めながら、他方で、拡大解釈に警告を発するのである。

私が法学部に入ったころ、リーガルマインドの養成として、民法講義のはじめに「宇《う》奈《な》月《づき》温泉事件」という判例を学んだ（四〇～五〇年前に法学部の学生だった読者はご記憶のことと思う）。それは、ある温泉宿（というより、そのあたりの村一帯）が他人の所有である土地の地下にパイプを通して温泉を引いたという事案であり、原告の土地所有者側が、地下埋設パイプの撤去を求め、それに応じなければすべての土地を買い取るように要求した事案である。

なお、その土地は急傾斜の荒廃地であり、地下にパイプが設置してあっても具体的被害は生じていないし、今後生じる可能性もきわめて低い。パイプの撤去費用も土地の購入費も膨大な額に上る。しかも、この土地を通らなければ、当温泉宿ははるかに迂回《うかい》してしか温泉を引くことができない。こうした条件のもとに、裁判所は原告の主張を「権利の濫用《らんよう》」として棄却したのである。もちろん土地所有者は上訴したが、これはリーガルマインド教育上カットしていい。さらに、学界では、この場合に損害賠償を認めるか否かが争われているようだが、これもリーガルマインド教育の観点からは、些細《ささい》な問題である。

教授はこれこそリーガルマインドだという顔つきで解説を加えていた。(法的)権利とは、個人にストレートに帰属するのではなく、さまざまな法益を考慮して決まるものであって、土地所有者側が、あくまでもパイプの撤去を求めるなら、あるいは広大な土地をすべて買い取るように求めるなら、それは「権利の濫用」となり、かえって不法とみなされることになるのである。

現代に目を転じれば、先に挙げた「危険運転致死傷罪」の法律解釈をめぐって、法律家のあいだで激しい意見の対立がある。たしかに、Aのあおり運転によって、一家四人のうち両親が死ぬという悲惨な結果になった。しかし、「危険運転致死傷」には、「(車の)走行中に」という語句があるが、当の事態では、車は高速道路上に停車していて、そのうちに後続のトラックがその車に追突した結果、夫婦を死に至らしめたのであった。弁護側は、この事例に危険運転致死傷罪を適用することは、立法者意思に反すると主張する。具体的には、あおり運転と夫婦の死のあいだに立法者が想定するような因果関係が成立していないというわけである。刑法上は、これを「相当因果関係」と呼んで、自然科学的な因果関係あるいは「XがなければYは生じなかったであろう」という条件関係とは区別する。これに反して、検察側は、立法者意思を広く取れば、ここに相当因果関係は認められるという主張である。

地裁判決は、検察側の主張をほぼ認めて、被告人に懲役一八年を宣告したが、これも上級審において覆される可能性がある、というのが少なからぬ法律家の見解である。この場合、この一回限りの事件に関して法律が適切に適用されねばならないという視点と、将来にわたって法律が適切に（拡大解釈せずに）適用されねばならないという視点とがぶつかり合う。判決は、まさに判例として将来にわたって法律解釈の基準を示すのであるから、当該事件だけを念頭において下してはならないのである。

刑法における「行為」と責任帰属

話の流れでしばらく刑法に視点を合わせてみよう。法学部の学生であったころ私は、刑法に一番興味をもっていた。行為、意志（意思）、責任能力、因果関係など、他の分野と比べると哲学的だと思ったからである。しかし、後に哲学に深入りしてから振り返ってみると（いままさに五二年ぶりにその印象を語っているのだが）、刑法が決定的に哲学とは異なることがわかってくる。法学は人間社会における「法＝正義」の実現をめざす学問であり、よって実利学であるが、哲学は真理そのものをめざす以外になんの効用もめざさないのだから、両者に差異があるのは当然であろう。

例えば、哲学における因果関係論は、まず因果関係が「ある」のか「ない」のかという論点が中心であり、膨大な議論がなされてきた。それを詳細に紹介することは本書のテーマにそぐわないので割愛するが、法学において因果関係論は単純明快であって、因果関係は「ある」に決まっているのであって、ある人に（ゼロも含め）どの程度の責任を帰属させることができるか、という観点からのみ議論される。よって、同じ案件に関して刑事上の因果関係は認めなくても民事上の因果関係を認める場合もあるし、同じ事象に関してそれぞれの弁護士や検事さらには裁判官によって因果関係を認めるか否か意見が異なることはごく普通である。

さて、では、判断はどのようになされるのか？（法学部を出た人は誰でも知っているが）近代刑法においては、ある行為Hが犯罪行為であるには、構成要件、違法性、責任という三つの要件を充《み》たさねばならないと考えられている（「行為」を独立させて四つとする説もある）。

その前に「行為」という概念が哲学と法学とでは、多少異なっている。哲学における「行為」とは意図的行為一般であるが、法学においては「行為」とは「意思に基づく身体の動静」であり、さらにそのうちでとくに刑法が問題にする行為は「実行行為」と呼ばれる。しかし、（「実行行為」という言葉は一般読者の耳に馴染《なじ》まないであろうから）ここでは「行為」という言葉によって「実行行為」を表すことにする。

まず、①Hが、刑法が問題にする行為としての構成要件を充たしているか否かが問われなければならない。AがBにピストルを発射して、あるいは包丁で刺して死に至らしめたときは、その行為は構成要件を充たすが、毎晩呪い釘《くぎ》を刺して、たまたまその後Bが死んだとしても、その行為は構成要件を充たしていない。

だが、Aのなした構成要件を充たす行為であっても、必ずしもAに責任を帰することができるわけではない。つぎに、②その行為には違法性がなければならない。よく引き合いに出されるのが、（刑法三五条にある）正当行為である。外科医はたしかに患者の身体を切り刻む行為によって傷害罪の構成要件を（外形的に）充たしているが、それは正当な目的に照らして違法ではないとされる。

しかし、それでもなおAに責任を帰することができない場合がある。Aが責任無能力者（一四歳未満の未成年、精神障害者など）とみなされるときである。よって、Aに責任を帰することができるためには、①と②に加えて、③Aが少なくとも責任能力を有していることが必要である。以上に加えて「超法規的措置」もある。これに関しては、かつて日本赤軍によるハイジャック（ダッカ事件）のときに、犯人側は人質になった乗客の解放と引き換えに、自分たちを逮捕せずにアルジェリアに移動させることを要求し、政府はこれを違法ではあるとしても「超法規的」に承諾したという例がある。

以上の諸例で見たように、法の予測していない事態が生じたときに、とにかく（屁理《へり》屈《くつ》でもいいから？）法的言説の枠内で決着をつけねばならない、というのが近代法の考えなのだ。そのほか、誰でも知っているように、近代法は「時効」という制度を認めており、これは、一般的に違法行為は、ある時間を超えると訴追できなくなる、法的解決ができなくなるという制度である。

さらに「一事不再理」という制度があり、これは、裁判が確定した後に同じ案件ではふたたび訴追できない、ましてより重い罪状を科すことはできない、という制度である。その後決定的証拠が出てきた場合には、死刑が確定した後に再審して、無罪を言い渡すことはできる。しかし、逆に、いかなる証拠が出てこようとも、無罪が確定した後に、再審して死刑を言い渡すことはできないのである。

自白の心理学

こうした一連の常識に反する制度から、近代法においては、いかに人権尊重主義が支配しているかがわかるであろう。そして、まさにそれゆえに、それにがん細胞のように寄生して、「法に守られた真実」すなわち「法に守られたウソ」がはびこることになるのだ。とくに、警察や検察による威圧的力によって冤罪《えんざい》が起こる可能性があるからこそ、それをなるべく阻止し私人を守るという目的で近代刑法や刑事訴訟法が成立している。平野龍一氏の『刑事訴訟法』のテキストは次の文章から始まっている。

刑事訴訟で最も重要なのは、どうすれば、被告人の人権を護りながら、真実を発見することができるか、である。(『刑事訴訟法』法律学全集四三、有斐閣、一ページ)

まさに、こうした「被告人の人権」という原理が真実を外形的なものに留《とど》めさせるのであり、内面的真実の表出である自白を強要することは厳しく禁止されるべきことになる。ここで、警察による取り調べによって、膨大な数の被疑者が身に覚えのない自白をしてしまうことは、銘記しておくべきであろう。

浜田寿美男《はまだすみお》氏の『自白の心理学』を読むと、自白の強制に至る、信じられないような人間心理が丁寧に記述されている。まず、「証拠力」が乏しいときに自白が強要されがちになるのは、警察や検察の「実績」による。ちょっと資料が古いが、本書（二〇〇一年）の時点で起訴は（略式起訴も含め）年間一一〇万件であるが、そのうち無罪が確定するのはわずか五〇件あまり（〇・〇〇五パーセント）ということである。この経験的事実が、彼らの自信を強めるのであろう。それにしても、無実でありながら自白に至る過程は常識と大いに異なる。常に被疑者を精神的に痛めつけて暴力的に自白を獲得するわけでもないのだ。

あるいは被疑者は、自分を責めている当の取調官にむかって救いを求める気持ちにすらなる。（中略）無実の被疑者にとって取調官は敵ではなく、良くも悪くも自分の処遇を左右する絶対的な支配者なのである。

（中略）それに被疑者はなんとか取調官にもわかってもらおうと必死なのである。そしてその心情のなかで自白に落ちる。だからこそ、うその自白に陥りながら、被疑者と取調官が手を取りあって泣いたりする光景も現出するのである。(『自白の心理学』岩波新書、一〇〇〜一〇一ページ)

無実の自白をしてしまった被疑者の心理状態として、次のことも付け加わる。

そうして取調べのなかで苦しくなって、追及されるままに罪を認めてしまったとする。しかしそのことが実際の刑罰につながるとの現実感はもてない。なにしろ自分はやっていない。やっていない人間が、たとえことばのうえで自白したとして、どうしてそれでもって刑罰にかけられることになるだろうか。そんなことはおよそ信じられないというのが、彼らの偽らざる心境である。(同書、一〇三ページ)

こうして、著者は一九五四年十月に起こった一家六人殺し(仁保《にほ》事件)について詳細な検討を加える。細部は本書を読んでもらいたいが、その家には行ったこともない被疑者が、その家へ押し入り、どの部屋を通って六人を殺したか、詳細な「自白」をしてしまったのである。山口地裁と広島高裁で死刑判決が出た後に最高裁がそれを破棄し、被疑者が無罪判決を得たのは一九七二年十二月であり、じつに事件の発生から一八年後であった。

（不当な）自白に関しては、今年（二〇一九年）三月のことだが、二〇〇三年五月に滋賀県東近江市《ひがしおうみ》（当時は湖東町《ことう》）で起こった「人工呼吸器事件」の再審が決定したというニュースが入った。元看護助手のＢさんはすでに懲役一二年の刑期を終えて出所しているが、彼女が入院中の男性患者の人工呼吸器を外すことにより死に至らしめたとされた事件である。彼女は、取り調べ中にそう自白したが、公判ではそれを否認した。テレビで、取調官に好意をもち、「彼に気に入られようと思って」と語っていた。彼女には軽度の知的障害があるが、まさに浜田氏の言うように「被疑者はなんとか取調官にもわかってもらおうと必死なのである。そしてその心情のなかで自白に落ちる」という典型的な事例である。

ウソつきの盾としての「人権」

こうした人間の弱さと恐ろしさとの反省から、現行刑事訴訟法は警察や検察に対して自白に依存する訴追を戒めることになったのであるが、それはたとえ被疑者が真犯人であることが濃厚であるとしても証拠が乏しい場合、裁判所は自白があっても有罪にしないことを意味する。これは、容易にわかるように、「法に守られたウソ」を野放しにすることでもあるが、被疑者の人権のためにそれも容認するのである。こう見てくると、現代法は、そもそも真実より人権を上位に据えていると言っていいであろう（この限りではカントとは正反対である）。

すると、犯罪行為であるか否かはもっぱら充分な（証言を含む）証拠によって判断されることになるので、被疑者は証拠隠滅に走りやすくなり、さらには証拠のない限り被疑者にとって不利な真実はことごとくかき消されることになる。近代刑法はこうした系譜のうちに成立しているので、証拠がある程度の証拠力をもって出そろわない限り、どんなに疑わしくても被疑者に責任を帰しては（帰そうとしては）ならないのである。

こうして、あれだけの公文書改竄《かいざん》を指導した佐川元財務省理財局長は不起訴処分になり、柳瀬元首相秘書官も国会参考人招致によって責任追及は終わり、日大アメフト部の内田前監督も井上前コーチも警視庁から検察に送られることさえなかった。そして、加計孝太郎氏も麻生財務大臣も安倍首相も昭恵夫人も国会証言さえおこなわず、ただ、はっきりした証拠の出そろった籠池夫妻が拘禁されたのである。

そうこうしているうちに、金融商品取引法違反と特別背任の罪に問われている前日産自動車会長であったカルロス・ゴーン氏が一〇八日の勾留《こうりゅう》期間を終えて今年（二〇一九年）三月に保釈され、大物弁護士が何人もついて無罪をめざして走り出した。世間の常識とは大きく異なってこの事件においても、会社からいかに明確でない莫大《ばくだい》な報酬を受けても、会社を私物のように扱っても、最終的にはゴーン氏が無罪を勝ち得るかもしれない。

本来、法の支配とは、国家権力や教会権力をはじめ強大な社会的強者から個人ないし社会的弱者を守る制度であった。いま考察したように、警察や検察や裁判所という強大な権力から個人（被疑者）の人権を守ることがその要にある。自白をもとにした冤罪がありうるからこそ、慎重にも慎重を期して、個人の内面に立ち入ることを避けるのだ。

しかし、この同じ思想が政治家や官僚や大企業経営者という社会的強者の人権をも「守る」ことになってしまうのである。

刑事事件の被疑者の場合は、冤罪と逆に、ごくたまにではあろうが、ウソをつき通して（内面的真実を隠し通して）犯人が、逮捕を、訴追を、有罪判決を逃れることもあろう。近代刑法および刑事訴訟法は、そのことも織り込み済みである。そして、こうした思想に守られて、人権意識の強い現代人は、訴追中のみならず、生活におけるあらゆる場合に、そしてとくに組織においては、証拠に出ないような自分に不利な（内面的）真実をひた隠しにすることになる。そして、われわれ現代人は、このことに、まったく疑いを感じなくなってしまっているのだ。

しかし、法がすべてではない。法による裁きを唯一の裁きと考えてはならない。それは、特定の判断にすぎないのである。われわれは法とは別の仕方で世界を見なければならない。私が本書で訴えたいことは、まさにこのことである。法とはまったく別の世界が開かれている。それは道徳が支配する世界であり（宗教の世界もあるであろうが、本書では割愛する）法の支配する世界と同じくらい、いやそれ以上に重みのある世界である。

読者諸賢の中にはこうした主張をせせら笑う人もいるであろうが、以下このことを具体的に示していきたい。

予見可能性

話が拡大しすぎたので、ここで先の「あおり運転」の事例に戻って、これを別の側面から見てみよう。あおり運転によってトラブルが生じ、高速道路上で車が停車していたところを、後から来たトラックが突っ込んで夫婦を死に至らしめた。その運転手Yは不起訴になったが、たとえ起訴されても、刑法上では「結果回避可能性」がないと判断されて、無罪になる確率が高い。

しかし、Yは遺族に泣いて詫《わ》びたという。これこそ、人間としての「正しい」態度であろう。逆に、同じ状況における（Yでなくて）Zが自分はすぐに急ブレーキをかけたのだから何の落ち度もなく一切責任はない、と主張するとしたら、残された子どもたちはたまらないであろう。彼の主張は法にはかなっているが、やはり人間として許せないと言いたいであろう。

ここにも、法と道徳とのあいだの深淵が垣間見られる。自分には結果回避可能性がなかったのだから責任はないと主張するZの行為は、違法ではないという意味で適法的ではあっても、けっして道徳的に善くはないのだ。Zは法的には有責ではないが、とにかく自分の行為によって人を死に至らしめたのであるから、道徳的には責任を感じてしかるべきなのである。

予見可能性との関連で、もう一つ、はらわたが煮えくりかえるほどの怒りにとらわれたことがあった。それは、東日本大震災のときの大川《おおかわ》小学校の教員たちが児童たちを避難させた方法である。地震発生後、教員たちは児童たちを校庭に並ばせ、そしてひどく時間がかかって避難させ、途中で津波《つなみ》に遭って七四人の児童（と教職員一〇人）が死んだ（または行方不明となった）という事件である。学校の裏にはすぐに山が迫っていて、地震発生後すぐそこに避難させれば助かったはずなのである。

犠牲者の親たちはそう主張したが、学校側はさまざまな抗弁をした。主なものは、これほどの津波が来るとの予見可能性がなかった、という主張である。親たちは、学校側の判断ミスによってわが子の命を失ったうえに、みずからの行為を弁護する学校側の姿勢に、居たたまれないものを感じたことであろう。もしできるなら、復讐《ふくしゅう》したいと真剣に願ったことであろう。

私がこの事件に対して猛烈な怒りを覚えるのは、学校側の事なかれ主義、因習主義、集団主義が、この事件にみごとに映し出されているからである。そういう学校側の凝り固まった姿勢が「法に守られた正義」を求めるのも当然と言えよう。最も重要なのは、あらゆる状況を考え尽くして因習によらずにとっさに判断することである。それは、人間として一五年も生きていれば身につくはずなのだ。

地震が起こって津波の危険がある。このとき、教員は子どもたちに「すぐに裏山へ駆け上がれ！」と命じればそれだけでよかった。不器用な子は怪我をするかもしれない。のろまな子は置いてきぼりにされるかもしれない。けんかが発生するかもしれない。親たちへの連絡がとれないかもしれない……。それでもいいのだ。七四人の子どもたちの命が救われるのだから。

ここで、俳優の岸惠子《きしけいこ》の（私にとって）感動的な戦時体験を紹介しよう。あるとき、彼女も含めた子どもたちに、「防空壕《ぼうくうごう》に入れ！」という命令が下された。しかし、そこは危ないと直感して、彼女はひとり防空壕に入らずに逃げ出した。しばらくすると爆弾がその防空壕めがけて投下され、中の子どもたちはみな死に、彼女だけが助かったのである。

もちろん、命令に背いた彼女だけが死に、他の子どもたち全員が助かるという場合もあろう。しかし、たとえそうであろうと、彼女の意志でそうしたのであるから、他人の（結果的）判断ミスによって死ぬより（例えば、それを知った親は）ずっとあきらめがつくのである。

個別的因果関係

私が最も問題にしたいのは、大川小学校の自己弁護的姿勢である。予見可能性がなく、因習に従って最善のことを尽くした、よって、自分達には責任がない！　そうであろうか？　いかなる理由にせよ、たとえそれが（因習的に）最善の方法とみなせるとしても、その一回限りの状況判断によって、七四人の子どもたちが死んだ（あるいは行方不明になった）のではないか？　そこには、明らかに一回限りの因果関係（「個別的因果関係」

という）が認められるのではないか？（仙台高裁は、二〇一八年四月、学校側の「組織過失」を認めたが、上告審でどうなるかわからない）

こうした頭の硬化した教員たちには、たしかに予見可能性はないかもしれない。しかし、とっさの場合でも、そういう硬直した判断しかできない自分を形成した責任はあるのだ（最高裁判事であった団藤重光《だんどうしげみつ》氏は、一時こうした「人格形成責任論」を提唱した）。

私がそうした子どもたちの親の一人だったら、大川小学校の教員すべてを、絶対に許さないであろう。彼らを殺そうとまでは思わないが（じつは私は誰も殺したくないのだ）、せめて同じ苦しみを味わわせたい。ある教員が、もはや自責の念で生きていけなくなり精神錯乱に陥ったこと、あるいは、すべてを捨てて「出家」したことを知ったとしたら、嬉《うれ》しいであろう。そうではなく、自分は悪くないと居直ってのうのうと生きていることを知ったら、彼（女）を殺さないまでも、死ぬほどの苦しみを味わわせたいと願うだろう。

本書をかなり書き進めてから、千葉県野田《のだ》市で一〇歳の娘を虐待して死なせた父親とそれに協力した母親が逮捕された。この事件には数々の行政側のミスがあった。少女は一年三ヵ月前に学校でアンケート用紙に父親から虐待されていることを書き、「先生、どうにかできませんか」と訴えていた。テレビ画面や新聞を通じて子どもらしい文字を見るたびに、その必死の叫びに涙を禁じ得ない。しかし、この叫びに対して、学校側は充分な処置をしなかった。

また市教委職員は、このアンケートを父親が見せるように強く要求すると、その剣幕に圧倒されて見せてしまった。後日、児童相談所の所長が記者会見を開いたがアンケートを見た先生も校長も、当該職員も、いっさい表には出てこない。その所長の記者会見をテレビで見たが、始終眼をうろうろさせていて極度の緊張が伝わってきたものの、後悔のあまり今夜にでも自殺するのではないか、あるいは自暴自棄になるのではないか、というほどの激しい自責の念はどこにも感じなかった。

復讐欲を無にはできない

こういう事実を見聞して、法治国家としての現代日本の常識あるいは良識から大きく逸《そ》れることは承知のうえで、心の底から真剣に言っておきたい。父親を何年刑務所に入れてもこの少女の苦しみの償いにはならない。彼には、ちょうど復讐に見合った苦しみを与えるべきであろう。すなわち、数年にわたって食事をわずかしか与えず、厳冬でも暖房のない部屋に入れ、そして、数年にわたって予告せずに身体に痣《あざ》ができるほどの暴力を与える。この結果、彼が死んでもちょうど復讐に見合っているし、発狂しても自殺しても構わない。

また、アンケート用紙を父親に見せた市教育委員会の職員は、のうのうと職に留まることはもちろんのこと、一瞬も幸福を感じることなく絶望して残りの人生を送ってもらいたい（しかし、彼らを含む市職員に野田市が下した懲戒処分は停職六カ月や減給に留まった！）。また、少女が虐待を訴えたのに充分な処置をしなかった担任の教師も、自責のあまり死ぬほどの苦しみに充ちた生活を以後ずっと送ってほしい。

もう一つ挙げよう。もう八年にもなるが、大津《おおつ》市である男子中学生が友達によるいじめに遭って、マンションから飛び降り自殺した。その後、両親はいじめた生徒三人らを提訴し、今年（二〇一九年）二月、生徒二人に約三七六〇万円の損害賠償金を支払うようにという大津地裁の判決が出た（としても、地裁判決であるから、これも上訴審で覆されるかもしれない)。マイクロフォンの前で父親は泣いていた。

そんな金など欲しくはないであろう。この判決によって息子は戻ってこない。たとえ三七六〇万円を手にしたとしても、じわじわと虚《むな》しさが押し寄せてくるであろう。しかし、せめていじめた二人を「痛めつける」ことができて、泣いたのであろう。それは復讐心であり、人間として自然でありかつ正当であると思う。

本書を書いているうちにも、同じようなニュースが絶え間なく入ってきて、猛烈な怒りがこみあげてくる。四年前に茨城県取手《とりで》市で起こったいじめ自殺事件である。中学三年生の女子がクラスの生徒のいじめに遭って自殺した。

しかし、市の教育委員会も第三者委員会も、いじめがあったことを認めなかった。そこで両親が文部科学省に直訴、たちまち新たな第三者委員会が設置され、因果関係について調べなおした。そして、やっと三年経って、県の調査委員会は「いじめ」があったこと、そして、いじめと自殺とのあいだに因果関係があったことを認めたのである。

彼女はクラスの生徒から「くさや」とか「うんこ」と呼ばれていた。そう呼んだ記憶のある男女は、自分が吐いた言葉が彼女を死に至らしめたことを生涯忘れてはならない。

発狂するほど自分を責めるべきであろう。できれば、学校あるいは会社でいじめられ死の瀬戸際まで追い詰められるという、あるいは将来自分の子どもがいじめで自殺するという、同じ苦しみを味わってもらいたい。何気なく言ったのかもしれない。しかし、結果責任の重みを知るべきである。

私はテレビで市の教育委員会の教育長が自殺した少女の両親宅を訪れる場面を見たが、怒りを露《あら》わにしながらも、それ以上に出なかった両親は「上品」すぎると思った。私だったら、怒鳴り散らし、引きずり回し、水をぶっかけ、足蹴《あしげ》にするであろう。できれば、半殺しにしたいであろう。

先に述べたように、今年（二〇一九年）四月に高齢者の運転ミスによって横断歩道を渡ろうとしていた母親と三歳の幼児がはねられて死に、事件直後に記者会見をした父（夫）が、さらに一ヵ月後に記者会見をした。語気は強まり「家族を絶望に陥れたことを自覚してほしい、相手に厳罰を求める」と語ったが、それでも彼はあくまでも「品行方正」であった。

それから一ヵ月後に無理に右折しようとした車に対向車線の車が衝突して、その車が歩道にいた保育園児の列に突っ込み、二歳の保育園児二人が死んだ。その直後に、親がファックスで心境を公開したが、加害者をストレートに非難する言葉はなく、保育園に対して「感謝の言葉」さえあった。これはいったい本心なのであろうか？　加害者に対する憎しみや復讐心がないわけはない。とすると、何か得体のしれないものが、被害者の自然の感情を抑えつけているのだ。

ニーチェは次のように言って、復讐欲を肯定している。

復讐したがることと復讐すること。――復讐の念を抱いてしかも実行することは、烈しい熱病の発作にかかることだが、この発作は過ぎ去る、しかし実行する力や勇気がないのに復讐の念を抱いていることは、一つの慢性病、肉体や魂の中毒症をもってまわることである。意図のみをみる道徳は両者を等しいと査定するし、通常ひとは第一の場合をいっそうよくないと査定する（復讐行為がおそらくは伴ってくるわるい結果のために）。どちらの評価も近視的である。（『人間的、あまりに人間的Ⅰ』ニーチェ全集5、池尾健一訳、ちくま学芸文庫、九四～九五ページ）

このニーチェの言葉を理解するには相当ニーチェを読み込んでいなければならない。ニーチェは「復讐の念を抱いて実行すること」と「復讐の念を抱いて実行しないこと」を区別している。そして、前者は「過ぎ去る」が後者は「肉体や魂の中毒症」から抜け出せないと言うのだ。そのあとも読みにくい。前者はキリスト教（パウロ主義）の教えであって、とにかく復讐心を懐《いだ》くことが罪なのであって、実行しようと実行しまいと同じだという考え、後者は「実行すること」がよくないという考えである。そして、両者とも「近視的」だと言うのであるから、ニーチェの見解は、魂を清浄に保つには、現に復讐するほうが復讐の念を懐きながら実行しないよりよいとなるはずである。

この考えは、魂の清浄を保つという古代ギリシャの考えからすると、不思議な考えではない。復讐心を懐きながら実行しないでいると、たしかに魂は腐っていくからである。よって、それを避けようとするなら、適正な復讐を実行すべきだということになろう。

だが、現代社会は個人的復讐を絶対的に禁ずる。正当な復讐は訴訟という方法でしかないとすると、法廷闘争に敗れた者の復讐法はもうないわけであり、犯罪に走ってまで復讐をするという道をとらない限り、涙を呑《の》んであきらめるしかないわけである。

しかし、法廷で勝訴しない者が、過度に絶望するのは、法を絶対視するからである。これまで繰り返し述べてきたように、法は端的な真実には介入しないのであり、ただ「法に守られた真実」にしか関与せず、言いかえれば「法に守られたウソ」を許容するのだ。したがって、法の判断は端的な真実ではないということをしっかり頭に叩《たた》き込まねばならない。それは、共同体の最大多数の成員に、ある程度真実を犠牲にしても幸福を享受させるような制度であるにすぎない。

連日マスコミで喋々《ちょうちょう》と意見を述べる評論家や法律家や学者は、なぜこのことを、はっきり言わないのであろうか？　法治国家であるからこそ、その成員すべては「法の限界」を知らされるべきであろう。法を遵守すべきではない、と言いたいわけではない。いかなる法も、ましていかなる実定法も、端的な真実からはほど遠い「きわめて狭い枠内における真実」にかかわっているだけだと言いたいのだ。

イワン・カラマーゾフの話

ここで、ドストエフスキーの『カラマーゾフの兄弟』を参照してみよう。無神論者のイワンは修道僧のアリョーシャに自作の物語詩「大審問官」を披露する前に、一つの残酷な実話をもち出す。ある将軍の下男の息子である八歳の少年が石投げをしていたところ、将軍の飼っている一匹の猟犬の足に当たってしまった。びっこを引いているその猟犬を目撃して、彼はその原因を知った。彼はすぐに少年をとらえて仕置き部屋に入れた。翌朝、すべての召使を集め、少年を引きずり出して裸にし、猟犬の群れにかかれと命じた。少年は猟犬の牙《きば》で全身ずたずたに引き裂かれて死んだ。しかも、将軍は少年の母親にこの惨劇の一部始終を見せたのだ。話し終わったあとで、イワンはアリョーシャに言う。

「で、もしも、子どもたちの苦しみがだ、真理をあがなうのに不可欠な苦しみの総額の補充に当てられるんだったら、おれは前もって言っておく。たとえどんな真理だろうが、そんな犠牲には値しないとな。

結局のところ、おれはその母親に、わが子を犬にずたずたに食いちぎらせた迫害者なんかと抱き合ってもらいたくないんだ！　母親にそんなやつを許せるわけがない！」
（『カラマーゾフの兄弟』２、亀山郁夫訳、光文社古典新訳文庫、二四六〜二四七ページ）

イワンは、きわめて重要な発言をしている。これは、『カラマーゾフの兄弟』の、いやドストエフスキー自身の最も重要なテーマとさえ言えるかもしれない。八歳の少年は、残酷無比な男によって残酷無比な仕方で殺された。母親は発狂するほどの絶望と苦悩を味わわされた。

この一回限りのことが、たとえわれわれの良心を目覚めさせ、横暴な将軍を撲滅させ、二度とこのような事件が起こらないようにさせる契機となるとしても、それで少年はそして母親は報われるのであろうか？　これが神の想像を絶した高遠な計画、「真理をあがなうのに不可欠な苦しみ」の一つだとしても、イワンによると、そんな真理はこの子が犠牲になることには値しないのである。

現代日本における幼児虐待についても、イワンとまったく同じように叫ぶことができよう。その固有の虐待によって死んだ少女の苦しみに対しては、いかなる償いもできないし償いをしたつもりになってもならない、ということを喉《のど》の嗄《か》れるまで言い続けなければならない。

だが、悲惨な事件が起こると、テレビの画面でとうとうと語り続けるコメンテイターたちは、なぜ——あまりにも良識的に——たちまちのうちに「今後、こういうことが起こらないように」という議論の方向に進みたがるのであろうか？　なぜこの事件そのものに関して、殺された少女の苦しみに見合った加害者への「正当な処置」を考えないのであろうか？

加害者が刑務所に何年か入り、心から反省し、社会に復帰し、これを機会に法律も整備されて、あの少女の死は無駄にならなかった、とでも言いたいのであろうか？　そうではないであろう。

あの少女を死に至らせた者（両親）には、生きている限り、少女と同じほどの苦しみを味わってもらいたいが、そしてできれば自責の念に駆られて死んでもらいたいが、せめて今後生きている限りまともな人生を歩ませるべきではない、と思う。少なくとも、本人は絶対にそう考えるべきではない。一生、罪を背負い苦しんで生きるべきである。

こう書いて、昔はよかったと思う。仏門に入るという手があったのだ。修道院でもいい。それは、俗世間をきっぱり捨てることであり、一生、死んだように生きることである。全国の寺や修道院が、この制度を復活してくれることを心から望むのだが……。

和解と調停の破綻

本章の最後に、大方の読者はお忘れかもしれないが（私にとってはきわめて大事なことなので）、朝カル事件の「その後」を語ることにしよう。いったんウソが誕生するや否や、森友・加計問題とまったく同様に「法に守られた真実」という裃《かみしも》を脱ぐことなく、あとは筋書きに沿って進んでいくだけである。

私が先の事務員一同の「お詫び」に関するHさんの解釈の不自然さを追及するや、Hさんが姿を消し、代わりに総務部長と顧問弁護士が前面に立った。そして、朝カル側はそれまでのぎこちないながら人間味のある態度を一変させて「問答無用」という姿勢に固まっていった。

そして、「純粋理性批判を読む」では、その三分の一を、「判断力批判を読む」では、その半分を残したまま、そして五〇人の継続的受講者を残したまま、私は九月きりで契約を打ち切られたのである。ずっとあとで知ったことだが、朝カルはすぐに（十月から）、私の後任として翻訳家で有名なNさんを講師に迎えた。

ここで、あらためて考えてみると、朝カルは法的には落ち度がないように思われる。契約書は、クオーター（三ヵ月）ごとに更新され、そのたび私は時間と報酬を書いた書面に署名している。また、私の担当講義が、読み終えるためには数年を要する講読の形式をとっていようと、原則的に朝カルは任意の理由によって、契約を打ち切れるのである。

しかし、たとえそうであるとしても、私が抗議したときに、なぜ事務員の全員がただ「お詫び」するだけで、時間と謝礼との関係を正確に私に説明しなかったのかという疑問が残った。講師にとって、朝カル側の窓口は担当事務員だけなのに、時間と謝礼との関係に関して私に説明しなかったことを「詫びる」という間違った態度をとったのだから、私としてはそれを信じてしまうのは当然である。

とくに、講座部長のIさんが、朝カル側の落ち度を認めた手紙を受講者全員に出したことは、何なのか？　これも単なる間違いなのか？　私は、このことに関して朝カルは釈明すべきであると考え、社長に「直訴」の手紙を書いた。しかし、返事はなかった。では、これほど相手の「ずる」を確信しておりながら、私が、最後まで訴訟に踏み切らなかったのは、なぜか？　そのとき、私は、（ある意味で愚かにも）この機会に哲学という狭い業界から抜け出て世間という広い場で「真実」をどこまで貫けるか試してみようと思い立ったのである。

訴訟の場合、損害賠償あるいは慰謝料という「金のかたち」しかとれないことは知っていた。私は朝カルから一円たりとも欲しくはない。私はただ朝カルが内面的真実を語ってくれることを望んだ。それは、訴訟という仕方に馴染まなかった。

そこで、一年も経ってから、私は朝カルとの和解に向けて活動を開始した。和解はさらに一年に及んだ。朝カル側の条件は、これまでこの事件について書いた著書を絶版にするか、増刷の際に書き直すというものであって、私は直ちにこの条件を受け容れた。

私の朝カルに対する条件はただ一つである。それは、朝カルの事務員への情報伝達が不十分であり、その結果、講師（私）は混乱させられ精神的苦痛を覚えたので、謝罪してほしいという一点だけである。しかし、朝カル側は、どうしてもこの謝罪を受け容れず、契約時における朝カル側の説明が充分でなかったことも認めなかった。

その後、Nさんの後任としてカント研究を通じてよく知っているMさんがカントを担当していることを知り、彼にこれまでの朝カルとのいきさつおよび朝カル担当者あての手紙を送り、朝カルの担当者に渡してくれるように言った。Mさんは引き受けてくれたが、もちろんその後朝カルから連絡は来ない。

そこで、私はさらに一年後に調停という手段に訴えたが、朝カルは一度目の調停で事務員への連絡不足も契約時における説明不足も認めず、それきり調停は破綻《はたん》した。こうして、朝カルは「法に守られた真実」を貫き続け、一片でもいいから内面的真実を知りたいと願った私は、絶大な労力を払った末に、無残にも（筋書き通り）法の壁の前に立ちつくしたというわけである。

第4章　ウソと理性主義

ウソと法治国家

前章までで、本書における私の論点およびその背後にある私の信念が、おおよそわかってもらえたことと思う。私は、単純にウソはいかなる場合でも絶対に許せない、と言いたいわけではない。といって、単純にウソは場合によって許されるべきである、と言いたいわけでもない。私の立場は、「いかなる場合もウソをつくべきではない」というカントの見解に基づいているが、この文章における「べき」の考え抜かれた意味を考慮して、こう主張したいのである。

哲学史上では、こうしたカントの見解は「厳格主義」と呼ばれ、その非柔軟性が非難されることが多かった。しかし、それはカントの真の主張を、暴力的に平板化してとらえたうえで非難しているにすぎない。

ウソに関するカントの探究は、他の哲学者の追随を許さぬほど高度なもの、人間の精神をくまなく探索して思考しつくしたものであるように思われる。カントは、他の哲学者たちが見ることを拒んだ人間精神の深淵《しんえん》に分け入ったのだ。それは、「ウソをつくべきでない」という原理と「ウソをついてしまう」という現実とのあいだに広がる深淵である。

ほとんどの人は「ウソをつくべきでない」という原理を掲げながら、具体的状況に投げ込まれると、つい「ウソをついてしまう」。しかも、おうおうにしてさしたる反省もせずに、「仕方なかったのだ」と片づけてしまう。あるいは、他人のウソによって被害を受けた者は、烈火のように怒り全身で相手のウソを暴こうとするのに、同じ当人が、自分がウソによって他人に被害を与えた場合は、弁護や弁解や言い訳に終始する。他の事柄では、他人の立場を斟酌《しんしゃく》することがなくはないのに、ウソの場合のこうした自他のあいだの恐ろしいほどの格差は、人間社会が成立して以来続いている。

なぜなのであろうか？　しかも、近・現代社会において、基本的人権や民主主義が浸透するにつれて、この傾向がますます加速しているように思われ、とくに組織（官庁や企業）に属するすべての人は当然のごとくこうなっている。

近・現代人は、劣悪な品性の持ち主やごりごりのエゴイストのみではなく、いかに聡《そう》明《めい》な人でも、いかに善良な人でも、いかに誠実な人でも、いかに思慮深い人でもこうなるのだ。

なぜか？　なぜ、こうした立派な人々が真顔で「ウソをつくべきでない」と語りながら、やはり真顔で「ウソをついてしまう」という自己欺瞞《ぎまん》状況に陥ってしまうのか？しかもさしたる自責の念も抱かないのか（ここが重大である）？　こう問いかけると、自然に近代国家の原理としての「法の支配」が浮かび上がってくる。法を整備し、基本的人権を尊重すればするほど、真実は外形的真実に限定され、内面的真実は追放されていく。そして、法と道徳とのあいだのギャップは広がっていくのである。

振り返ってみると、安倍首相の発言のかなりの部分が、真実であることが疑わしい（そしてそのかなりの部分がウソに近い）ように思われるが、何度も「わが国は法治国家である」と明言したことだけは完全に正しい。

というのも、法治国家とは外形的ウソに目を光らせる代わりに内面的ウソを放置し増大させる制度であり、じつは法治国家と内面的ウソとは互いに協力関係にあり、腕を組んで進んでいくからである。このことをカント以上に真剣に思索し続けた哲学者はいないように思われる。よって、以下、法と道徳との区別というテーマを、カント倫理学のモデルを参照にしつつ考察してみる。

適法的行為と道徳的行為

カントは『道徳形而上学原論』（一七八五年、『人倫の形而上学の基礎づけ』とも訳されている）において、「義務にかなった（aus Pflicht）行為」と「義務からの（pflichtmäßig）行為」とを峻別《しゅんべつ》している。前者は、外形が義務にかなっている行為、すなわち外形的に非難すべきことがない行為であり、「適法的行為」とも呼ぶ。これに対して、後者は外形のみならず、その内面（動機）も義務にかなっている行為、すなわち非難すべきことがない行為であって、「道徳的行為」とも呼ぶ。

驚くべきことに、カントがその倫理学において見ていたのは、（非適法的行為ではなく）適法的行為だけであり、カントの中心的関心は行為の外形において適法的であることがただちに道徳的であるわけではない、というただ一点に絞られる。こうした見解は、まさに「神の前で（coram Deo）」神の審判に任せるというルター派の教義そのままであって、「神」を「理性」に置きかえただけである。世俗の法廷は、行為の外形に限定された「適法的行為」についてのみ判定し、内面的真実は、世俗の法廷ではなく「理性の法廷」に委《ゆだ》ねるのである。

以上のことをウソの場面で再検討してみよう。カントは人間をよく観察していた。いかなる人も、①厳密には自分自身の言動の真の動機を知らないが、②自分がウソをついていることは自覚している、とみなしていた。

①と②を整合的に理解するためには、一本の補助線を引かねばならない。それは広義の自己利益すなわちソン・トクである。人間は、おうおうにして自分自身の言動の真の動機を把握できないからこそ、反省の段階で、ごく自然に自己正当化がはたらいて（さまざまな意味で）トクになるように自分の動機すなわち内面の動きを解釈してしまう。

こうして、後に他人によって非難されるとき、当人は内面を真摯《しんし》に探ろうとはせずに、ごく自然に自分自身がソン（不利）になるような要素を消去し、トク（有利）になるような要素だけを残すという操作を施して、自分自身の弁護人になってしまうのだ。先に触れたように、サルトルはその「自己欺瞞論」によって意図的なウソではない局面を抉《えぐ》り出しているが、内面的ウソには、まったく意図しない自己欺瞞から、かなり意図的な作為までグレーゾーンが広がっている。とすると、①に戻って、真の内面を探り当てることは至難の業、いや、ほとんど不可能なことなのではないだろうか？

しかし、カントはそう考えなかった。われわれ人間は、ほうっておくと自己欺瞞（自分を騙《だま》すこと）あるいは意図的ウソ（他人を騙すこと）に傾いてしまうのだが、原理的にはソン・トクを徹底的に排除して理性の声だけに従うことができるのだ。

外形的ウソは証拠や目撃者などによって容易に反証されうるから、ウソを維持するのが難しい。しかし、内面的ウソは究極的には個人の内面の問題であるから、ひどく不合理に思われることでも、ウソをつき通すことができるのである。そして、法的場面では、先の分類を使うと、その人が何を考え、何を感じ、何を予想し、何を想像していたのかは、純粋に個人の内面の問題であるので、表面化することが少ない。

むしろ、何度も述べているように、当人が「そのとき見たことや聞いたこと、あるいは語ったことや為《な》したこと」が主要な内面の問題になるのだ。このことは、先に挙げた森友学園問題でも加計学園問題でも、日大アメフト問題でも共通している。

そして、法治国家においては（いや、法治国家だからこそ）、まさにこのことに関してウソがまかり通ってしまうのだ。責任を追及されている者は、見たはずのことを「見なかった」と言い、聞こえたはずのことを「聞こえなかった」と言い、みずから語ったことを「語らなかった」と言い、みずから為したことを「為さなかった」と言い張る。

その平然とウソをつく態度は異様なほどであるが、さしあたりまとめてみると、そのすべてがはなはだしく常識（理性）に反するが、ここにそう主張する人にとってのソン・トクを投入してみれば、ウソをつく理由がことごとく不思議なほど氷解する、というときに、その人はウソをついている可能性が高い、と言えよう。

真実性の原則と幸福の原則

カント倫理学における主著である『実践理性批判』（一七八八年）は、難解で抽象的な外見にもかかわらず、分け入ってみると、こうした内面的ウソだけを探究しているとさえ言えよう。カントは「道徳法則には内容がない」と言っているが、それを文字通りとってはならず、理性にもともと含まれている以外の内容はないということである。そして理性にもともと含まれている内容とは「真実性」、すなわち自分が真実と信じていることを語ること、それに従って行為することである。

『実践理性批判』は、内面的ウソというテーマを、道徳法則と幸福とのあいだの対立というかたちで論じている。ここで、議論を明確にするために、道徳法則を「真実性の原則」、幸福を「幸福の原則」と言いかえると、理性的存在者である限りの人間は、前者が後者を条件づけるべきなのであって、その逆ではない。

真実性の原則が幸福の原則を条件づけるとは、真実と幸福とが対立するときに、真実を幸福より優先するということ、真実であるという条件のもとでのみ幸福を求めることである。これに反して、幸福の原則が真実性の原則を条件づけるとは、幸福である限り真実を求めるが、幸福を失う場合には真実を捨てることである。

この対比は、わかりやすいであろう。日ごろほとんどすべての人は、真実性も幸福もともに求めながら、さしたる葛藤《かっとう》もなく（適度に片一方を他の一方より優位に立てて）生きているように思われる。しかし、真実に従うことが幸福を脅かすことになると知るや否や、あっという間に真実性の原則を振り捨てて、この原則より幸福の原則を優位に立ててしまう、すなわちウソをつくようになるのである。

さしあたり、外形的ウソをつき、さらにそれと辻褄《つじつま》を合わせようとして内面的ウソもつく。「幸福」には、生命はじめ、身体、健康、家族、友人、恋人、財産、信頼……この世におけるほとんどすべての「よきもの」が含まれるのであるから、ウソをついてでもそれらを守ろうとするのは当然であるように見える。しかし、カントはそう考えないのだ。それらを守る場合、これらとは比較を絶した一つの「よきもの」が失われる。それは「内面的真実」である。

カントによれば、いかに困難でも、ほとんど不可能でも、真実性の原則を幸福の原則に優先させるべきなのであり、真実性の原則に従う限りにおいて幸福の原則に従うべきなのだ。たとえ命が奪われようともウソをついてはならないのであり、あるいはその結果あらゆる人が不幸になろうとも、いかなる害悪をひきおこそうとも、ウソをついてはならないのだ。

いいであろうか？　われわれが理性的存在者である限り、たとえすべての人が現に守れなくても、真実はそれ自体として「善い」のであり、ウソはそれ自体として「悪い」のである。

無制限に善とみなされうるもの

あらためて確認するに、本書の目的は、単純にウソを糾弾することではなく、逆に安易にウソを肯定することでもない。これほどウソがはびこっていても、これほどウソを擁護しても、やはりわれわれの心のどこかに端的な真実を貴ぶところがあるのではないか？　そして、それは内面的なものではないのか？

ある行為が外面的にはどこからどこまで適法的でも、それが内面的ウソに支配されている限り、その行為は断じて道徳的ではない、という一本のくっきりした線がカント倫理学の根幹を貫いている。『道徳形而上学原論』第一章の冒頭にとりわけ有名な文章がある。ちょっと長いが引用しておこう。

> 我々の住む世界においてはもとより、およそこの世界のそとでも、無制限に善と見なされ得るものは、善意志のほかにはまったく考えることができない。知力、才気、判断力等ばかりでなく一般に精神的才能と呼ばれるようなもの、——或いはまた気質の

特性としての勇気、果断、目的の遂行における堅忍不抜等が、いろいろな点で善いものであり、望ましいものであることは疑いない、そこでこれらのものは、自然の賜物と呼ばれるのである。しかしこれを使用するのは、ほかならぬ我々の意志である、意志の特性は性格であると言われるのは、この故である。それだからこの意志が善でないと、上記の精神的才能にせよ、或いは気質的特性にせよ、極めて悪性で有害なものになり兼ねないのである。（『道徳形而上学原論』篠田英雄訳、岩波文庫、二二ページ）

ここに並べられた「精神的才能」と「気質的特性」は、古代ギリシャ以来、魂に関する「善きもの」と呼ばれたものの典型である。カントは、しかし、それらのすべては善意志を欠いては善いと言えないと断ずる。この場合、善意志を行為の外面ではなく内面と解すると、わかりやすいであろう。知力、才気、判断力、勇気、果断、堅忍不抜などをいかに具《そな》えていても、それに内面的真実が伴わないと、わずかにでもウソが混じっていると、「無制限に善」とはみなされないのだ。

また、われわれは、たえず自分の「性格」を鍛え上げねばならない。ウソに鈍感な性格、ウソに無抵抗な性格というものがある。それは、みずからそのように形成してしまったからなのだ（先に紹介した団藤氏の「人格形成責任論」はこの延長上にある）。とすれば、人間という理性的存在者は、みずからの個々の言動を通じて、たえず（とくに自分自身の）ウソに敏感な性格を形成するように配慮しなければならない。後に（本章で）「ウソつき」について厳密な定義をするが、たしかに誰でもウソをつくが、世の中には、「ウソつき」と呼びたい人とそうではない人がいることも事実であろう。カントによれば、それは、各人が自分の性格を形成してきた過程の違いである。

このことを踏まえたうえで、カントの倫理思想がいかにキリスト教の倫理思想と異なるかを浮き立たせてみよう。『新約聖書』から、キリスト教の「愛」の思想を代表しているとみなされるきわめて有名な箇所を引用してみる。

たといわたしが、人々の言葉や御使たちの言葉を語っても、もし愛がなければ、わたしは、やかましい鐘や騒がしい鐃鉢《にようはち》と同じである。たといまた、わたしに予言する力があり、あらゆる奥義とあらゆる知識とに通じていても、また、山を動かすほどの強い信仰があっても、もし愛がなければ、わたしは無に等しい。たといまた、わたしが、自分の全財産を人に施しても、また、自分のからだを焼かれるために渡しても、もし愛がなければ、いっさいは無益である。（「コリント人への第一の手紙」一三章、一～三、日本聖書協会訳）

以上の文章において、「愛」を「真実」に入れ替えたいのだが、日本語としてすわりが悪いので「誠実」に置き換えてみよう。

たといわたしが、人々の言葉や御使たちの言葉を語っても、もし誠実でないならば、わたしは、やかましい鐘や騒がしい鐃鉢と同じである。たといまた、わたしに予言する力があり、あらゆる奥義とあらゆる知識とに通じていても、また、山を動かすほどの強い信仰があっても、もし誠実でないならば、わたしは無に等しい。たといまた、わたしが、自分の全財産を人に施しても、また、自分のからだを焼かれるために渡しても、もし誠実でないならば、いっさいは無益である。

愛よりも真実（誠実）を優先させること、これがカント倫理学の要《かなめ》であり、カントとキリスト教（パウロ主義）との大きな違いである。カントは、愛という名のもとに、ウソが横行することを知っていた。親への愛、子への愛、妻への愛、恋人への愛、会社への愛、上司（将軍、殿、社長）への愛、国家への愛が、ありとあらゆるウソを許すのみか、それらを正当化するのである。

「十歳の男児」でもわかること

真実性の原則が幸福の原則を条件づけることが、いかに困難であるかを知りながら、カントは、その逆が支配する（幸福の原則が真実性の原則を条件づける）場合の精神の荒廃を知っていた。ここに広がる精神の闇を見ていたのである。

現代の法治国家においては、公務員も会社員も組合員も会員も……あらゆる組織人は確定的な反対証拠や反対証言が挙げられない限り、当然のごとく真実に反した言動をとって平然としている。そして、新たに動かしがたい証拠や証言が出てくるや、くるりと態度を一変させて、「心から謝罪する」のだ。先に述べたように、証拠が出てくる前は、真実に反してウソをつくほうがトクだからであり、証拠が出てくると真実に従って謝罪するほうがトクだからである。

法治国家においては、もっと悪い状況（共同体の衰退さらには崩壊）に陥らないために、こうした「演技」が必要なのかもしれない。しかし、これ自体を「よきもの」とみなす人はいないであろう。誰でもうすうすこのおかしさを知りながら、いざとなると他の選択肢をとりえないのである。

あらためて確認しておくと、行為の外形に限定された「適法的行為」と行為の内面まで含む「道徳的行為」とは、天と地ほど異なる。前者はさまざまなソン・トク計算、すなわち他人の判断や、かつての自分自身の言動との一致や、将来及ぼす影響や、とくに自分の属している組織（国家、自民党、官庁等々）に及ぼす影響等々、多様で複雑な計算をしなければ導けない。

法律の知識を総動員し、従来の慣例を想い起こし、与党の反応、さらには野党の反応やジャーナリズム、その背後にある国民感情を算入して「適切に」答えなければならない。しかも、常に危ない橋を渡るのであって、いついかなるときに落下するかわからない。

こうした「もし〜ならば〜である」という細かい計算に基づいてみずからに命じることを、カントは「仮言命法（hypothetischer Imperativ）」と呼ぶ。こうした計算に秀でている者こそが、優秀な政治家であり優秀な官僚であることは、言うまでもない。このことは企業家にも、裁判官にも、弁護士にも、医者にも、教師にも……すなわちほぼすべての職業人に要求されることである。そして、これを完全に承認したうえで、カントはこうした仮言命法（の集合）は道徳とは何の関係もないと断じるのである。

これに対して、後者の道徳的行為は一切のソン・トクを考えずに、ただ真実を語るべきだという動機のもとに真実を語ることであり、これは「十歳の男児」（『カント 実践理性批判』、前掲訳書、三〇五ページ）でもわかるほど簡単である。カントはこれを「定言命法（kategorischer Imperativ）」と呼び、一つの実例を挙げて説明している。

ヘンリー八世によって姦通《かんつう》罪で処刑されるはずの（じつは何の罪もない）アン・ブリンを誹謗《ひぼう》するように強制されたとき、生命はじめあらゆる被害を受ける恐れがありながら、それがウソであるという理由だけで拒否する者の話を聞かせれば、「この話を聞いた少年の心は、単なる同意から感嘆へ、感嘆から驚嘆へ、ついには最大の敬慕に高まり、自分もこのような人物になることができたら（中略）という潑剌とした願望を懐くようになるであろう」（『カント実践理性批判』前掲訳書、三〇六ページ）と。

読者諸賢は、これは単に子ども向きの「お話」であり、こんな「お話」は現代日本（とくに組織）では一笑に付されると言われるかもしれない。しかし、そうであろうか？　正真正銘の真実の価値はまさに「十歳の男児」でも簡単にわかることではないのだろうか？　エーリッヒ・ケストナーの次の言葉は感動的である。

わたしがいうのは、ただ、人間はどんなにつらく悲しいときでも、正直でなければいけないということです。骨のずいまで正直でなければいけない、ということなのです。
（『飛ぶ教室』山口四郎訳、講談社文庫、一八ページ）

このことを考えるにあたって、学校の教材をはじめわれわれが子どもに何を教えているかを反省してもらいたい。適度にウソをつき、外形的な適法性のみを目指し、功利的にうまく立ち回ることではないであろう。とにかくウソをつかないことであろう。大人たちはウソばかりつく子どもを憂えるであろうし、大人に向かって真顔でウソをつく子どもの将来に恐怖さえ覚えるであろう。

私には、このすべてが、ただ子どもだけに期待する態度だとは思えないのである。すべての人は、正直であるべきこと、すなわち内面的真実をごまかさずにその通りに語り行為すべきことを知っているのではないか？　カントは次のように言う。

人が為さねばならぬこと、従ってまた知らねばならぬことに関する知識なら、すべての人が例外なく――それどころか、極めて平凡な人ですら――持合わせているという事実は、前もって推測に難くないことである。我々は、普通の人間悟性〔常識〕の具えている実践的判定能力が、その理論的判定能力を遙かに引離している様子を眺めて、まことに感嘆の念を禁じ得ない。（『道徳形而上学原論』前掲訳書、四六ページ）

「実践的判定能力」とは道徳的善さとは何か、すなわち具体的には、いかなるときも内面的真実を尊敬しなければならないという判定能力、真実性の原則を幸福の原則より優先する判定能力であり、「理論的判定能力」とは（例えば）どうすれば人々は幸福になれるのか、どうすれば犯罪が減るのか、どうすれば癌は撲滅できるのか、どうすれば災害の被害を最小に食い止められるのか……といった、現代社会で日々刻々と遂行されているほとんどすべての判定能力である。

それは、しばしばきわめて困難なものであろうし、判断ミスもあるであろう。それには、特別な才能と技術が必要であろう。しかし、「実践的判定能力」は、「すべての人が例外なく――それどころか、極めて平凡な人ですら――持合わせている」のであり、一〇歳の少年でももち合わせているのであり、しかも「理論的判定能力」を「遥かに引離している」のである。各人が自分の人生を振り返り、周囲をよく観察してみれば、まさにその通りなのではないだろうか？

では、それにもかかわらず、なぜ「理論的判定能力」においてきわめてすぐれた人でさえ、「実践的判定能力」によって知ったことと正反対のことを実行してしまうのであろうか？　まさに、これがカントの問いであった。ここに、われわれ人間にこびりついている「根本悪」というものがあるのだ。

根本悪

『実践理性批判』の五年後に刊行された『単なる理性の限界内における宗教』（略して『宗教論』と呼ぶことにする）においてカントは『実践理性批判』においてはなお可能性として残しておいた「幸福への真実性の優位」を完全に放棄し、われわれ人間はいかにしても真実性を幸福より優先させることはできないと断じ、先に（第1章で）触れたようにこの転倒を「根本悪」と呼んだ。

ここで、注意しなければならないのは、たしかに「宗教論」においてカントは現実の人間に対する絶望を深めたが、理性そのものの権威をいささかも疑っていないことである。すべての人間が「幸福への真実性の優位」という原理を実現できないとしても、依然としてこの原理が正しいことは、人間が理性的である限り否定されることはないのだ。よって、この原理は依然として人間にとっての原理なのであるが、すべての人間はこの原理を転倒して「根本悪」に陥るのである。そして、人間が不可避的に根本悪に陥るのは、あらゆる人間が、生まれつき「悪への性癖（Hang）」を有しているからである。

性癖とは、本来ただある享楽へと向かわせる素因にすぎないのであって、主体がある享楽を経験した場合に、その享楽への傾向性を生み出すのが性癖である。例えば、すべて野蛮人は、酔いを生じさせるものに対する性癖をもっている。というのは、たとえ彼らのうちの多くが酔いをまったく知らず、したがって酔いを生じさせるものに対して何らの欲望をももっていないとしても、しかし彼らに酔いに対するほとんど根絶不可能な欲望を起こさせるには、ほんの一度でいいから彼らにそうしたものを試みさせればよいからである。（『宗教論』カント全集第九巻、飯島宗享・宇都宮芳明訳、理想社、四八ページ）

われわれは、真実を語ると（自他が）不幸になる恐れのないときには、真実を尊ぶ振りをする。しかし、いったん真実を語ることが（自他の）幸福を阻害するという状況に陥るや否や、(「野蛮人」と同じく)、あっという間に真実を拒否する。カントによれば、これこそが「根本悪」であり、これを誰もが避けられないとしても、少なくとも、われわれはこうした自分の中の避けられない悪を直視すべきなのだ。

私がこれまで五〇年以上にわたってカント倫理学を学んできたのは、その中核をなすこの「根本悪」という思想にひっかかってきたからである。そして、それをテーマに何冊かの著書や論文を書いてきたが、朝カル事件を契機に、あらためてカント倫理学こそ法という楯《たて》に守られたウソの洪水を当然のように容認している近・現代社会に対して、根本的に疑問を投げかける倫理学であることがわかってきた。

そして、まことに象徴的なことに、カントもまた、まさにこの「根本悪」という見解のために、プロイセン政府によって、『宗教論』の発禁処分ならびに大学での講義停止の処分を受けた。国家・教会・権力は真実を尊ぶふりをしながら、そのじつみずからの安寧が脅かされるや否や真実を嫌う(ここに森友・加計問題や朝カル問題にまっすぐ通ずる道がある)。

その後、フィヒテ、ヘーゲルはじめドイツ観念論の哲学者たちはこうしたカントの問題意識を受け継ぐことはなかった。ヘーゲルは全否定であり、シェリングは独自の悪論を展開したが、カントの「根本悪」を受け継がずに、テーマをキリスト教における悪一般の問題（アダムの原罪）へと普遍化している。たしかに、カントは「根本悪」を「原罪（Erbsünde）」と呼んだが、アダムの原罪とは明らかに異なり、人間が社会を形成するや否や真実より幸福を優先せざるをえないことを「原罪」と呼びなおしたにすぎない。次の箇所はこのことをよく示している。

彼らが互いにその道徳的素質を腐敗させ、互いに他を悪くさせるには、彼らがそこにいる、彼らが彼を取り巻いている、そして彼らは人間である、というだけで十分である。（『宗教論』前掲訳書、一三四ページ）

そして、不思議なことに、ドイツ観念論を経て、その後のショーペンハウアーにおいても、さらには新カント学派においても、カント特有の「根本悪」という問題意識は復活しなかった。さらに不思議なことに、わが国のカント倫理学の専門家の中でも、この問題を中軸に据えるものは（私以外に）ほとんどいないのである。

「嘘論文」

カントは、『宗教論』の刊行から四年後の一七九七年に、「人間愛から嘘をつくという誤った権利について」という論文（省略して一般に「嘘論文」という）を書いている。この論文は評判が悪く、私の知っている同僚のカント学者でも、この論文を文字通り承認する者はいないと言っていいが、私には、これこそカント倫理学の真骨頂をなすものとさえ思われる。その筋書き（の表面）は、たしかに一見きわめて非常識なものである。

友人が悪漢から追われて、私の家に逃げ込んできた。彼をかくまった後に、悪漢が家に入ってきて、「彼はどこにいる？」と尋ねられたときでも、私は「向こうに逃げた」とウソをついてはならない。これがカントの見解である、専門研究者のあいだでは、正確に「ここにいる」という回答のみが許されるのか、沈黙は許されるのか、という細かい議論もなされているが、瑣末《さまつ》なことであろう。

問題の要は、この場合でも無条件にウソをついてはならない、とカントが主張していることである。まさにこの事例は、私が「そのとき見たことや聞いたこと、あるいは語ったことや為したこと」は知っているはずであり、それに反してウソをつくという内面的ウソの事例である。その結果、友人は殺されるかもしれないが、それでも私はウソをついてはならないのだ。いかにもおかしな見解であろう。しかし、だからこそ、私はここにカントの洞察を読みとりたいのである（これを先に挙げた例に「代入」してみると、ゲシュタポが、「隣に住む男Kはユダヤ人か？」と聞いたとき、私がその通りであることを知っている限り、「そうだ」と答えねばならないことになろう）。

これは、頭の固い「厳格主義」であろうか？　そうではないように思う。もう一度カントの理性主義の原則を思い起こしてほしい。私はこういう極限状況においても、理性的である限り、ウソをつくべきではないのである。現実には、私はつい友人の安全や生命を真実より優位にしてしまい、ウソをついてしまう、すなわち転倒を犯してしまうであろう。しかし、この場合でさえも、ウソをつくことはそれ自体として道徳的に善いわけではないのであり、「ウソをつくべきではない」という原則は揺らがないのである。

そして、ここに看過してならないことは、これほどの「厳格主義」にもかかわらず、カントは、この場合、事実ほぼすべての人がウソをついて転倒してしまうことを知っていたということである。つまり、現実の人間がどう行為するかに関しては、カントとカントの反対者（例えば功利主義者）とのあいだにさしたる差異はないのである。差異は、こうした場合のウソを（道徳的に）善いとみなすかみなさないかだけとなる。

では、カントは、なぜ現にほとんどすべての人がウソをつくにもかかわらず、「ウソをつくべきではない」という原則に固執したのか？　ここにこそ、理性主義の秘密があり、それは、私にはきわめて説得的に思われるが、とはいえすべての人を納得させることはできないであろう。

こうした留保をしたうえで、他人の生命を救う場合のウソは、例外的に道徳的に善い行為であるのかどうか、問うてみよう。「他人の生命」の意味は明瞭《めいりょう》であるが、では（仮想的事態として）機関銃による無差別殺人を実行しつつある仲間の生命を救うために、彼を包囲している警官に対してつくウソもそうなのか？　死刑囚の生命を救うために、彼を逃亡させるためにさまざまな仕方で監視員にウソをつくこともそうなのか？

こう問うと、たちまち近・現代人は、犯罪を助けるようなウソ、それ自体が犯罪となるようなウソはそうではない、と答えるであろう。こうして、ふたたびすべてを法の中に溶かし込んで解決したつもりになってしまうのだ。

カントが問うのは、法の枠を超えた（内面の真実を含めた）端的な真実にある。法の枠を安直に当てはめるのでなければ、あるいは通俗的善悪を安直にもってくるのでなければ、他人の生命を救う場合のウソが許されるという結論は、直ちには導けないであろう。

しかも、生命の場合の転倒を許してしまえば、転倒は生命に留《とど》まらず、あらゆる幸福、しかも他人のみならず自分の幸福にも伝播《でんぱ》していくであろう。その結果、幸福を妨げる真実はほとんど認められなくなるであろう。その結果、大量のウソが（自他の）不幸を避け（自他の）幸福を増進するためという名目のもとに容認され、称賛さえされて、真実性の原則を食いちぎっていき、法から独立の道徳の領域は成立しなくなるであろう。

反省してみるに、（自他の）幸福を真実より優先するという思想はずっと日本社会を支配してきたし、現代においてますます威力を増しているように思う。日本社会だけではない。近・現代社会において、法が整備され人権が尊重されるようになったからこそ、真実は（自他の）幸福という壁の前で立ち往生しこの高い壁を突破できないのである。

カントによれば、このすべては真実より共同体の存立およびその成員の幸福を目的にする法的レベルのことにすぎない。これとはまったく異なったレベルの領域があり、それが道徳である。すなわち、共同体のすべての成員が不幸に陥っても、真実は「無制限に善と見なされ」ているゆえにウソをつくべきではないのだ。（第5章で論ずるが）現代社会においてもなお「哲学（愛知）」に何らかの存在意味があるとすれば、まさにここをおいて他にないのではなかろうか？

組織において弱い立場にいる人々

以上との連関で、現代日本においては大そう語りにくく、ほとんど賛同者を期待できそうもない事柄について、あえて触れておこう。それは、組織における弱い立場にいる者に対する私の批判的見解である。

組織において弱い立場にいる者は、上司の見解や役所や会社の方針に逆らうことは至難の業であろう。上司が真実を曲げた発言をしているとわかっていても、会社の見解が体裁のいいウソとわかっていても、あえて異論を唱えることはないであろう。そこで、沈黙することになる。

森友問題において近畿財務局の職員一人が、上司から文書改竄《かいざん》を命じられ精神的に追い詰められて自殺したが、世間にショックを与えたにもかかわらず、事件の真相解明に直接影響を及ぼさなかった。麻生財務大臣はじめ「上層部」は、群がる記者の質問に対して、わずかの責任も認めようとしなかった。そして、検察は彼の手記に基づいて捜査を開始したが、嫌疑不十分として不起訴にしたのである。

この場を借りて自殺をした職員（Wさんとしよう）に対して、あるいはその予備軍に対して、私は次のように言いたい。あなたに文書改竄するように指示した上司がいたはずだ（どいつであろう？　まだ身を隠している）。彼は、そのナマ温かい息とたるんだ眼で、あなたに文書改竄するように命じたのだ。彼は、たとえようもなく下劣なヤツだから、そういう自分の態度を恥じることさえないように自分を形成してしまった。あなたは悩んだ。しかし、もはや手遅れを承知で言うのだが、そんなゴミのようなヤツのために、あなたは死ぬ必要はなかったのだ。耐え難ければ近畿財務局を辞職すればよかった。

ただし、黙って辞職するのではない。その前にすべきことは山ほどある。あなたがそれほど正義感に燃えているのなら、腐りきった上司はじめ改竄をホイホイと請け負った同僚に足腰立たなくなるまで思い知らさなければならない。

あなたの自殺によって、近畿財務局の職員たちは一瞬たじろいだことであろう。だが、あとは何くわぬ顔でウソをつき続けることを選び取ったのだ。中には、比較的まともな職員もいて、腐りきった組織を激しく責めたであろう。しかし、それで終わってしまった。その後、近畿財務局内で自殺者が相次いだわけでもなく、退職者が続出したわけでもない。すべては、あたかも何もなかったかのように忘れ去られていった。

よって、Ｗさん、あなたは自殺すべきではなかった。卑劣な輩《やから》どもを反省させるには、真実や道徳はまったく効き目がないのだ。彼らは、具体的なソンを被らなければその腐りきった習性を変えることはない。だから、彼らに具体的な危害を加えることにしよう。あなたが犯罪者にならないかたちで、彼らに一生まともな人生を歩ませない方法、へらへらした顔でウソをつくとどんな報復が待っているかを示すような罰を考案しなければならない。

まず考えつくのは、いっさいの真実を全国に具体的に公表すること、上司の名前、住所・電話番号、妻の名前、さらには改竄に少しでも関与した同僚の名前もすべて公表すること。そして、これを大手のテレビ局・新聞・週刊誌に売りつけること。そして、彼が二度と職場に復帰できないほどの、いや今後いかなるまともな職業にもつけないような痛手を与えること。Wさん、あなたは、このすべてを実行してから辞職すべきであった。私は冗談を言っているのではない。あなたが「書き置き」を残して自殺しても、卑劣な輩にはわからないのだ。いまでものうのうと近畿財務局に勤めているのである。彼ら善人の顔をした卑劣な者どもは、官邸ないし財務省を忖度《そんたく》して、真実を歪曲《わいきょく》するという卑劣きわまりない行為に対する自責の念をまったくもたないのである。

その後のジャーナリズムの報道で、Wさんは精神的な正常状態を保てなくて自殺したというような解説を聞いた。だが、そうであろうか？ 火を見るより明らかな理由によって公文書をホイホイと改竄してしまう者のほうが、精神的に異常をきたしているのではないだろうか？

ここで、一般論に移る。組織において弱い立場にある者は、おうおうにして理不尽な命令に従わざるをえないが、理不尽であることを声が嗄《か》れるほど言っても伝わらないなら、上司や同僚は人間としてまともなヤツではないのだから、そこに留まってはならない（あなたの魂が汚れてしまう）。といって、あなたはただちに辞職し路頭に迷う必要もない。あなたは卑劣な者どもの犠牲になることはない。そういう自分を責めて精神的に崩壊していくことを避け、彼らを徹底的に軽蔑《けいべつ》しながら、転職の機会を狙わねばならない。

ここで、ふたたび朝カル問題に触れておくと、朝カルの社長はじめ経営陣が会社を守るためにウソをつくことはわかる。しかし、Nさん、Kさん、Hさん、Iさん、Aさんなどの事務員が、その後完全に会社の意向に従って私に対して沈黙を通したのは、会社を守るためではないであろう。新宿教室長のHさん、立川教室長のNさんや講座部長のIさんは、多少会社側に立っているかもしれない。だが、「純粋な」事務員であるAさんやKさんは、そうではないであろう。

というのも、はじめ私が講義時間と謝礼の関係について疑問を提起したとき、彼女たちはきわめて私に協力的であり、「共に」朝カルの不適正な事務状態を改善していこうという気迫さえうかがえた（そのメールはすべて残っている）。しかし、朝カルの経営陣が、「これからは交渉の窓口を一本に絞る」と宣告するや否や、電話やメールや手紙など私との一切の連絡を絶ったのである。私はその後もNさんやKさんに対して何度もメールを送った。とくに朝カルの事務系統のずさんさを細かく私に告げてくれたKさんに対しては「どうぞ助けて下さい！」というSOSのメールまで送った。だが、彼女からは何の音沙汰《おとさた》もなかったのである。

彼女たちは弱い立場にあるから仕方ないのかもしれないし、次第に私に反感を覚えていったのかもしれない。しかし、それまであれほど熱心に真実（外形的真実と内面的真実）を語っていた彼女たちが、一転して沈黙を守るようになったのは、普通に考えて、みずからの身分を守るためであろう。組織の中で弱い立場にいる者はひたすら真実のために、身を賭《と》して経営陣のやり方に抗議するという発想にはなれない。組織の命令に背くことはすなわち身を危険にさらすことになるゆえに、なかなかそうは決断できないのである。

いや、それ以前に、何にせよ自分個人の信念を前面に出して、組織あるいは社会と闘うという姿勢を学んでこなかったがゆえに、ごく自然に身を引いてしまうのであろう。このすべてを認めたうえで、私は、組織においていかなる弱い立場にいる人でも、組織の命令に背くことは「できる」と考える。次の文章は、カント倫理学全体を貫く背骨となっている。

きみはできる、なぜならすべきだから（Du kannst, denn du sollst）。

ここで、カントは「できる」という言葉を独特の意味で使っていることがわかる。それは、理論的見地における可能性としての「できる」ではない。まさに実践的見地からの「できる」であり、たとえ「きみ」が現にそう行為しないとしても、なお「できる」のだ。としても、それは単なる理念ないし理想ではない。

あえて言えば、理性的人間である限り、いかなる弱い人も、いかなるこれまで弱かった人も、いかなるこれまでウソつきに徹してきた人も、原理的にいつでも「できる」という磁場の中にいるのであって、言いかえれば過去のいかなる体験とも独立に、いつも

〈いま・ここ〉で「できる」のである。

理性主義と感情

カントと異なり、道徳を感情に帰する学説はカント直前のシャフツベリ、ハチスン、アダム・スミスなどのスコットランドの哲学者たちに広く認められる。彼らは、われわれ人間のうちには自己利益を求めるという感情のみならず、他人に共感するという「道徳感情（moral sense ないし moral sentiments）」あるいは公平の感情、さらには他人に対する同情などを認めている。

だが、カントによれば、道徳は感情ではなく理性に源泉をもたねばならない。とはいえ、カントは「道徳法則を尊敬する」という特別な感情（理性的感情）を導入している。アダム・スミスの「道徳感情」とカントの「尊敬という感情」とのあいだには、微妙に見えてじつは大きな違いが開かれている。カントは次のように言っている。

尊敬は、快の感情ではないから、或る人をいやいやながらも尊敬せざるを得ない場合がある。（中略）とはいえ尊敬の感情には、かくべつ不快が潜んでいるわけではない（後略）。（『カント 実践理性批判』前掲訳書、一六二〜一六三ページ）

道徳法則に対する尊敬とは、真実性の原則に対する尊敬にほかならない。しかも、この感情はウソをつく自分自身に対する「軽蔑」の感情と一体となっている。道徳感情論者が単純に他人に対する共感という視点から議論を進めているのに対して、カントはわれわれの内面の闘いを見通したうえで、真実性の原則に従うことは快でも不快でもない、と言っているのだ。カントは見事なほど人間心理を洞察していたと思う。

カントによれば、ウソをついてはならないことは、「十歳の男児」でも端的に感じる。しかし、これは単純な快の感情ではない。カントの挙げているアン・ブリン事件に関して偽証を拒否するという事例は感動的であるが、とくに自己自身がソンになる事柄に関しては、「いやいやながら」真実性の原則に従い、自分自身に対して内面的ウソを禁ずるのではないだろうか？　しかし、これを見直せば、われわれは、たとえ「いやいやながら」でも、（他のいかなる理由でもなく）それが真実であるからこそ、それを尊敬しそれに従うのである。こうした意味で、われわれは端的に、あるいは総合的に道徳的善さを「感じる」能力をもっているのである。

水も漏らさない理論と、それを反証する確定的証拠がないことに基づく証言でも、真実（誠意）がないと思われることがあり、ただその人の言っていること以外に何も根拠がなくても、疑いえない真実（誠意）を感じることもある。私は日大アメフト部の内田前監督や井上コーチの会見にはまったく誠意を感じなかったが、反則を犯した宮川君の言葉には誠意を感じた。森友問題、加計問題に関する安倍首相、菅官房長官、麻生財務大臣、柳瀬元首相秘書官、佐川元国税庁長官の言葉には、まったく誠意を感じなかったが、愛媛県知事の言葉には誠意を感じた。

われわれは言語の内容（論理的整合性）や証拠だけではなく、いやそれ以上に、語り方や語るときの身振りや目つきなどのいわゆる「身体言語」によって、注意深く観察すれば、かなりの程度真実は見抜ける。だからこそ、ウソを語る人は、語り方や身体言語に気を配り、いかにも真実を語っているらしく振舞うのである。

「真実」と「真実らしいウソ」

こうして、本書を書いているうちにも、厚生労働省の統計不正問題をジャーナリズムが連日報道している事態が生じた。勤労統計（賃金上昇率）に、アベノミクスの成果が見られないので、成果があるように適度に操作したのではないかという疑惑である。

この場合も、森友・加計問題さらには朝カル問題と同様、真相はあくまでもわからないと仮定したうえで、そういう目的で操作したのではないとすると、不可解な点が続出するが、そういう目的を放り込むだけで、すべては一挙に明らかになる。ここで、あえて「真実」と「真実らしいウソ」とを見分けるいくつかのメルクマールを挙げてみよう。

（1）真実の相貌《そうぼう》は単純ではっきりしていて、ぼやけたところがない。しかし、真実らしいウソの相貌は複雑でぼんやりしており、何度聞いても納得できないものが残る。

（2）真実はどこまで細部に至っても具体的につじつまが合っている。しかし、真実らしいウソは抽象的レベルでつじつまが合っているだけであり、細部に至ると揺らいでくる。

（3）真実はその事柄と他のもろもろの事柄との関係、最終的には世界全体との関係がしっくりしていて、自然である。しかし、真実らしいウソは、その関係がぎくしゃくしていて、不自然である。

（4）真実はそれをまったく知らない人にも訴える「強さ」をもっている。しかし、真実らしいウソには、それがない。

（5）真実は、たとえ論理的に首尾一貫していなくても「そうだろうなあ」という自然な「感じ」を呼び起こす。しかし、真実らしいウソには、たとえそれがどんなに論理的に首尾一貫していても、「どこかおかしい」という「感じ」が残る。

さらに、真実を語る者と真実らしいウソを語る者の風貌の違いを記述してみよう。

（1）真実を語る人は、たんたんとしていてゆったりしている．しかし、真実らしいウソを語る人は、論理を尽くし言語を尽くして説得しようとする。

（2）真実を語る人は、自分の利益と無関係なところにいるが、真実らしいウソを語る人は、かならず自分の利益と絡み合ったところにいる。よって、おうおうにして、その利益という点から照明を当てれば、なぜウソをつくのかが統一的に解明される。
（３）真実らしいウソを語る人は、それが真実らしく「見える」ことに最大の努力を払うので、その点を強調する。
（４）真実らしいウソを語る人は、反証となる確定的証拠だけを恐れていて、それ以外は何も恐れていないという顔つきをしている。
（５）真実らしいウソを語る人は、自分の主張にとって不利なところには絶対に手を触れず、その代わり、自分の主張にとって有利なところだけを過度に強調する。

「ウソつき」の定義

以上の長い考察の結果、本書のテーマである自分が属する組織の利益に関するウソに限ってみると、全人類は「ウソつき」とそうでない人に大きく区分できるように思われる。では、どのような区別か？　現代日本において、自己利益のためにめくらめっぽうにウソをつく人が成功すること、社会的信用のある地位に就くことは難しい。そんな輩が率いる組織は維持が難しいし、彼について行く者はほとんどいないはずだからである。

日大アメフト部の内田前監督でさえ、そうではない。彼は古典的支配者の典型であって、絶えずみなが欲しいもの（勝つこと）をちらつかせてウソを横行させる。これは、先の戦争報道がウソに塗《まみ》れていたのと同じ構造であり、戦意を高揚させるため、すなわち勝つことがすべての真実に優先する大義名分になりうるのだ。日大アメフト部が彼のウソを許容したのは、真実よりも勝つことを優先させることにコーチたちも選手たちも暗黙の同意をしたからである。

以上の考察に基づいて、私は「ウソつき」を次のように定義したい。すなわち、自分が真実を語るとソンをする（被害を受ける）状況において、適法性をもってすべての規準とし、それ以上道徳性を追究することがない者、真実に対して「尊敬」を抱くことがなく、何にせよ法的に正当化されれば、それで問題はないとする者のことである、と。

組織という場面に限定すれば、彼らは、真実を尊重しないわけではないが、それは、組織の利益（幸福）にかなっている限り、組織に不利益（被害）をもたらさない限りにおいてであり、真実が組織に不利益（被害）をもたらす場合は、一転して、真実を尊重しないのだ。

だが、この定義を当てはめてみると、ほとんどすべての政治家、公務員、弁護士、経営者、医師……いや組織に属するほぼ全員が「ウソつき」となってしまう。ここで冷静に反省してみるに、「ウソつき」という言葉のもつ強い響きは、こうした人々すべてを意味しない。そこで、さらに定義を厳密にしなければならない。すると、真正の「ウソつき」を構成する重要な要素は「内面の問題」であり、先の定義に内面を追加しなければならないことがわかってくる。

すなわち、「ウソつき」とは、自分が真実を語るとソンをする（被害を受ける）状況において、適法性をもってすべての規準とし、それ以上道徳性を追究することがない者、真実に対して「尊敬」を抱くことがなく、何にせよ法的に正当化されれば、それで問題はないとする者、しかもこのことに対してとりわけ良心の呵責《かしやく》のない者、すなわち心を痛めることのない者のことである。こう定義すれば、賢明な読者には、ただちにあの人この人の顔が浮かんでくることであろう。こうして、人間は誰でもウソをつくが、その中でも「ウソつき」と呼ばれる人種とそうでない人種ははっきり区別されるように思われる。

ここで、あえて付言するに、ウソが病的な段階に達してしまうと、本書で問題にしている普通の意味での「ウソつき」に馴染《なじ》まなくなる。例えば、ヒトラーのウソは、通常の「ウソつき」の枠を大きく越えていて、病的で不気味な様相を呈している。

彼はいたるところで、ごく自然にウソをついた。実科学校を退学したのは、本当は成績不振のためであったが、重い肺結核にかかっていたためだとウソをついた。兵役拒否のためにミュンヘンに逃れて捕まったときは、兵役の手続きを知らなかったとウソをついた。そして、ウィーンで同居していたクビツェクに対しても、造形美術アカデミーに不合格であったのに、合格したとウソをつき続けた。彼は、いつでもすぐばれるウソをついて平然としているのだ。かつて私はヒトラーの青春時代についてややくわしく調べ、拙著で次のように述べたことがある。

彼にとっては（とりわけ目撃者と証拠のないところでは）、「そうありたい」と願ったことが、そのまま真実なのだ。それは、自分でも本当にそうであったと思い込めるほど

「自信に満ちた」嘘なのであるから、他人はあっさり騙されてしまうのだ。（『ヒトラーのウィーン』ちくま文庫、二〇二ページ）

本書で挙げた「ウソつき」らしき人々は、こうした病的な輩ではない。あらためて確認しておくと、法を守り、社会の規範を守り、品行方正で社会的に成熟したきわめてまともな人々であり、その人々が（広い意味での）組織と組織における自分の立場を守るために、やはり「目撃者と証拠のないところでは」真顔でウソをついてしまうのである。

以上の考察にもとづき、最終章では、「哲学（者）」はこの問題にどのように迫ったらいいのかを考えることにする。それは同時に「哲学（者）」とは何かという問いに迫ることでもある。

第5章　哲学（者）の使命

「よく生きる」こととウソ

前章までで理性主義を代表するカント倫理学を下敷きにして、「ウソつき」の構造を探究してきた。こうした厳格なまでの真実性への要求は、平均的現代日本人には、理解しにくいであろう。異様とさえ思われるかもしれない。この姿勢は、「神の前における(coram Deo)真実」という厳格なルター派のピエティスムスに基づくものである。最もイメージがつかみやすいのは、「神の前で」ウソをつくことより磔《はりつけ》になることを選んだキリスト教徒(キリシタン)の態度(殉教)であろう。

さらに、古代ギリシャにも淵源《えんげん》を求めることができる。フーコーが強調するように、ギリシャ人にとって、生きるうえで最も大事なことは、魂を「気遣う」ことであって、これはソクラテスの言う「よく生きる」に直結する。

「よく生きる」とは、魂を汚れさせないようにして生きるということであり、魂の外形的美しさ(そう見えること)ではなく内面的美しさ(そうであること)を保つように生きることである。プラトンの『ソクラテスの弁明』より、有名な箇所を引用しておこう。

私が息をし、そうし続けることができる限り、私は哲学し、皆さんに訴えかけ、皆さんのうちのだれに会おうと、そのつど常々私が口にしていることを言って自分の考えを明らかにすることをけっしてやめないでしょう。（『ソクラテスの弁明・クリトン』三嶋輝夫訳、講談社学術文庫、四九ページ）

ソクラテスは、生きている限り哲学し、哲学する限り、いかなる脅迫を受けても（たとえ死ぬことになろうと）自分の考えを明らかにすること（すなわち内面的真実を語ること）をやめない、と公言しているのだ。こうしてみると、内面的真実に価値を置くことは、ソクラテス以来の（西洋）倫理学の本道を形づくってきたように思われる。

一見、近・現代社会においては誰でも（とくに賢明な市民は）、法に反しないように振舞うことこそ重要である、言いかえれば、法に反しない限りで有利なウソをつくことも仕方ない、という暗黙のルールに従っているように見える。そうでないと、国家を動かすこともできず、会社経営もできず、自分の才能を開花させることもできず、社会のうちでうまく生きていけないのだから……。

しかし、ではなぜ、われわれは、他人からウソをつかれることを嫌うのか？　他人から「ウソつき」と言われると嫌がるのか？　依然として「正直な人」という言葉が誉《ほ》め言葉なのか？　子どもに（仕方なくウソをつくことも悪くはないと教えることがあっても）原則的にウソをつくことがよいとは教えないのか？　こう問い進めると、いかにウソを賞賛しても、それはそれ自体としては「よくない」という文法は守られ、真実はそれ自体として「よい」という文法も健在であることがわかる。

たしかに、ウソが人を救うこともあり、社会の混乱を防ぐこともあり、国家を滅亡から救うこともあろう。しかし、原則的にウソが正しいという想定は、どうしても成り立たない。そして、誰でも、自分にウソをついて何らかの利益を得た（自分を騙《だま》した）他人を激しく憎むのである。

幸福追求とウソ

近・現代社会の理念である人間の平等とか基本的人権、あるいはその背後にある生存権、人格権、所有権、幸福追求権などの「よいこと」は、必ずしも真実の側に立っているわけではない。むしろ、広い意味で幸福の側に立っている。人々が生命の安全をはじめ、幸福に生活できることを目標に設定されていて、真実を求めることを目標に設定されているのではない。

このことは同時に、法的レベルでは、幸福は真実より優位に立つことを意味する。こうして、興味深いことに、近代社会において、権利が確定され、その侵害を救済する仕方も確定され、法的価値が整備されるようになると、（内面的真実を含む）端的な真実が法の背後に隠されていくのである。

現代日本では、（ソクラテスやカントのように）ここに潜む大問題を指摘する人は誰もいない。法に支えられて、あるいはその網の目を潜って勝ち抜いていく者が勝者であって、そうした勝者をさらに裁く上級審はないのだ。

これを裏面から見れば、法の支えなくして、あるいはその網の目を潜りきれずに、法的救済を受けない敗者は、その敗者をさらに救済する上級審はない、という残酷な状況に投げ込まれる。こうして、裁判にもち込みながら、勝訴しなかった者、敗訴した者が、納得するわけはなく、少なからぬ者が法を呪い無念に身を震わせて死んでいくしかないのであろう。

カントは、一見なぜかといぶかしく思うほど、近代社会における「真実より権利すなわち幸福」という原則に反旗を翻した。これは、視点を変えれば、「法に守られたウソ」に反旗を翻したということである。

カントは、外形的に適法的な行為が内面的真実を伴っていないことを、あらゆる悪の中で最大のもの、これ以上醜悪な悪はないほどの最も醜悪な悪とみなした（根本悪）。これに呼応して、じつはカントは殺人や強盗、強姦《ごうかん》や傷害など刑法に羅列されている悪に対してほとんど興味を示していないことを言い添えておこう。

世の評論家たち学者たちは、森友・加計問題や日大アメフト問題に関してさまざまに語る。それは、こうした事件がいかにウソに塗《まみ》れているかを非難するものが大部分であるが、ここでもう一歩踏み込まねばならない。国会における一年以上に及ぶ野党議員たち（一部の与党議員からもあったが）による激しい追及にもかかわらず、こうしたウソの正体をとらえきれず断罪できないのは、どうしてであろうか？

その根本原因は、一部のジャーナリストが言っているように、政治家や官僚のモラル低下によるものではない、「安倍一強」の弊害によるものではない。もっと根本的に、近現代の法治国家は、法を尊重する余りに、法的正当性がすなわち道徳的善だと思い込んでいることによる。法のレベルで勝てば、すなわち身の潔白が保証されると信じていることによる。こうした「法信仰」は、それ自体根の深いものであって、その点に関してどんなにいまいましく思っても、現代の法治国家では誰も（いかなる権力者でも）崩せない力をもっているのだ。

道徳的価値は内面的な真実性にあって、外面的な適法性にあるのでないが、それにもかかわらず、われわれは外面的な適合性を第一にして内面的な道徳性を第二にするという転倒を犯してしまう。カントは、こういう態度を徹底的に糾弾したのである。朝カルの連続講義で私はこのことを受講者に伝えたかったのだが、私が契約について朝カルと対立したとき、朝カルという組織はカントの言う「真実性の原則」に真っ向から反する態度に出た。朝カルはカントを教えてくれと私に依頼したのであるが、私がカントの思想そのままの態度をもって朝カルに向かっていくと、きっぱり拒否したのだ。これは哲学と社会（世間）とのあまりにもできすぎたすれ違いである。

朝カルの反応は、組織として当たり前かもしれないが、それなら、世間（朝カル）において哲学を教えるとはいかなることであろうか？　朝カル問題は八年を経て、「哲学することとはいかなることか？」という根本的問いをふたたび私に投げかけてくれた。

もし「哲学（者）」に存在意義があるとすれば、すなわちその「使命」とは、ほかのどの分野でも扱わない「ここ」にこそあるのではないだろうか？　それが「愛知（philo＝sophos）」という哲学（者）本来の意味なのではないだろうか？

ペテロの裏切り

ここで、『新約聖書』の中のペテロがイエスを裏切る場面を想い起こそう。イエスは最後の晩餐《ばんさん》の後に、弟子たちに向かって「今夜あなたがたはわたしにつまずくであろう」と言った。するとペテロは「たとい、みんなの者があなたにつまずいても、わたしは決してつまずきません」と胸を張って答えた。

しかし、イエスが逮捕され弟子たちが散り散りに逃げ隠れたとき、街の人々はペテロを見て「この男はイエスと共にいた」と証言した。そのとき、ペテロは思わず三度までも「知らない」と答えた。

すると、鶏が鳴いた。ペテロは「鶏が鳴く前に、三度私を知らないと言うであろう」と言ったイエスの言葉を思い出し、外に出て激しく泣いた。（「マタイ伝」二六章、七三〜七五、日本聖書協会訳）

ペテロは、イエスの逮捕後、身の危険を感じて思わずウソをついた。この場合、「仕方なかった」という見解をもつ者は多くないであろう。たしかに、ペテロは弱い人間として、逮捕され（場合によって）磔にされるのが怖かった。誰でも、同じ境遇に陥れば、ペテロと同じようにするであろう。しかし、たとえこのすべてを認めたとしても、ペテロがイエスを三度まで「知らない」と言ったこと、そのことによってイエスを裏切ったことは、（道徳的に）善いとはみなせないのである。

カント倫理学は、このペテロの裏切り物語を、さらにえぐるように追及したものとみなすことができよう。というのも、この物語はペテロに限らず二〇〇〇年のあいだ、ありとあらゆる社会でありとあらゆる人間によって、無際限に繰り返されてきたからである。

とくに「法に守られた真実」すなわち「法に守られたウソ」をよく知っている近・現代人は、ほとんどみなペテロのようにふるまう。しかも、思わずついたウソを後に自覚しても、ペテロのように後悔し「激しく泣」くこともない。むしろ、内面的ウソが発覚すると、あるいは発覚しそうになると、あらゆる手段を講じてそれを否定すること、つまりさらなるウソをつくことに汲々《きゅうきゅう》となるのである。これが悪でなくて何であろうか？

スタヴローギンの告白

以上の文脈に、ドストエフスキーの『悪霊』のテーマを重ねてみよう。亀山郁夫《かめやまいくお》氏によると（光文社古典新訳文庫版『悪霊2』「解説」）、はじめ本書はある雑誌に連載されたが、単行本として刊行されたとき（一八七三年）ドストエフスキー自身によって「スタヴローギンの告白」という部分が削除された。

一九三五年の全集には含まれていたが、その後削除されたままの状態が続き、再度この部分が含まれたものが刊行されたのは、じつに一九九〇年代に入ってからのことである。日本語訳もずっとそれにならっている。この部分を含めた『悪霊』をわが国ではじめて翻訳したのが亀山氏である。

これまでわが国において、本書はスタヴローギンの悪魔性を主題にした書として、とくに私の学生時代（一九七〇年代以降）は、かつての赤軍派の動静と驚くほど似ているので、過激でかつ未熟な革命集団の書として読まれていた。しかし、「スタヴローギンの告白」を含めると、全体がまったく違った相貌《そうぼう》を帯びる。スタヴローギンは過去の自分の過ちを名高いチーホン僧侶《そうりょ》に書面で告白する。

長いのであるが、そのうちの根幹部分は次のものである。かつて、ペテルブルクでスタヴローギンが下宿していたアパートの一室では、隣に家主が住み一四歳くらいの少女が彼の部屋の掃除をしていた。娘は母親から苛酷《かこく》な虐待を受けていた。ある日、彼はテーブルの上にあった自分のペンナイフが紛失したことを母親に告げた。母親が娘の仕業だと決めつけ、折檻《せっかん》するための鞭《むち》を作るために部屋を出たあいだ、彼は、ペンナイフがテーブルから落ちてベッドの上にあることを発見した。しかし、彼は娘が折檻されることを期待して、そのことを母親に告げなかった。期待どおり、母親は娘を激しく鞭打った。このときの心境をスタヴローギンは、正確に書いている。

私の人生でたまに生じた、途方もなく恥辱的な、際限なく屈辱的で、卑劣で、とくに滑稽な状態は、いつも度外れた怒りとともに、えもいわれぬ快感を私のなかに掻き立ててきた。（中略）私が愛していたのは、卑劣さではない（そういう場合私の理性は完全に無傷のままだった）、むしろ、その卑劣さを苦しいほど意識する陶酔感が気に入っていたのだ。（『悪霊2』亀山郁夫訳、光文社古典新訳文庫、五五四ページ）

その数日後、母親がいないときに、スタヴローギンは彼女を凌辱《りょうじょく》した。さらに数日後、彼は、夕方娘が中庭にあった納屋に入っていくのを目撃した。自殺するのではないかと予感したが、彼は何もせず、むしろ時間を正確に計っていた。三五分経っても娘が出てこないので、外に出た。そして、彼はその日の深夜に、娘が首つり自殺をしたことを知ったのだ。

どんな悪をも昂然《こうぜん》とやり遂げる彼が、自分が凌辱した少女の自殺という些細《ささい》な事件に全身全霊がむしばまれ、あげくの果てに首を括《くく》って自殺したのである。このことは、驚くべきことではないのか？　この案件は、当時なら法的にはなんの犯罪にもならないかもしれない事件である。スタヴローギンは、少女を暴力的に犯したのではない。その部分を引用しよう。

やがて、ふいに、私としてもとうてい忘れがたい奇妙なことが起こり、すっかり度肝を抜かれてしまった。彼女は両手で私の首に巻きつくと、自分から激しくキスしはじめたのだ。その顔は、完全な恍惚《こうこつ》を表わしていた。私はほとんど立ちあがり、そのまま出て行こうとした——こんな小さな子どものくせに、と思い、憐《あわ》れみの念から不快でたまらなくなったのだ。しかし私は、ふいに襲ってきた恐怖の感情をおさえ、その場に留《とど》まった。（同訳書、五六二ページ）

彼は、「合意」と言い切ることもできたであろう。また、その凌辱と彼女の自殺とのあいだに因果関係を確証することもできないし、彼は彼女の自殺をいかなる形でも幇助《ほうじょ》していない。スタヴローギンは、その事件が些細であったからこそ、自分の卑小さ・卑劣さにうちのめされたのだ。『悪霊』のテーマはまさに「ここ」にあると私は直感するのであり、これはそのまま正確にカントの「根本悪」のテーマに重なる。

人間は最終的には内面的真実を求める

真実とウソは、まったくあり方が違う。真実はそれ自体で肯定されるが、ウソが肯定されるには、何らかの条件が必要である。逆に、ウソはそれ自体で否定されるが、真実が否定されるには、何らかの特定の条件が必要なのである。そして、先の定義にかなう「ウソつき」であっても、このルールを知っているからこそ、原則的には真実を尊重しているふりを貫きつつ、あるときは、（他人あるいは組織の）幸福のためという条件を表に掲げて明示的にウソを認め、それ以外は膨大な例外的条件をもち込んで自己自身に対して弁解しつづけるのである。

バートランド・ラッセルの言うように、哲学は解決のできない問題を扱う。本来、哲学者は「原理的に解決のできない問い」だけを扱い、適当な操作をすれば解決できてしまうような問いを、諸科学者や政治家や評論家に委《ゆだ》ねるのだ。

哲学者は問題の解決を求めるのではなく、誰も真に見ようとしない問題に光を当てて、この世にはどうしても解決のできない問題、安直に解決してはいけない問題があることを示すのである、なぜか？　われわれが「よく生きる」うえでそれが不可欠のものだからである。

カントは幸福を真実性より優位に置くという転倒に基づく限り、その「幸福（らしきもの）」は、「幸福を受けるに値しない」と言い切った。

それだから道徳論は、我々はどうすれば自分を幸福にするかということについての教えではなくて、どうすれば幸福を受けるに値いするようになるべきであるかということについての教えである。（『実践理性批判』前掲訳書、二六〇ページ）

すなわち、幸福を真実性より優位に置くという転倒した人生は生きるに値しないのである。真実を求めようとしない人生、とくに内面の真実を求めようとしない人生は、いかに幸福に見えようと、いかに豊かに見えようと、いかに優れて見えようと、生きるに値しないのだ。

真実を求めることが、いかに困難であろうとも、いかに迫害を受けようとも、いかに不幸になろうとも、それを広い意味でのトク（生命や評判や信用や自分が属する共同体の繁栄）のために犠牲にすることは「根本悪」なのである。そして、（すでに触れたが）まことに皮肉なことに、そして見方を変えればまことに当然なことに、このことによってカントはまさに共同体（時のプロイセン政府）によって、逮捕監禁されたのである。

現代の価値相対化の時代において、すぐに人々の口をついて出てくる言葉がある。それは「何が真実かわからない」という言葉である。しかし、そうであろうか？ 外面的真実は、揺らぐことがあろう。しかし、すべての人は、自分がいま何を考え、何を感じているか、そのとき何を考えていたか、何を感じていたかは、よく知っているのではないか？

すべての人は、理性的であるかぎり、自分の内面的真実を知っているはずである（これを「叡知《えいち》的性格」という）。しかし、少なからぬ人において、それが混濁し見通せないように思われるのは、そこに知らず知らずのうちにソン・トクを混入させるからなのだ。そして、自分にとってトクな（社会的制裁を受けないような）内面的真実のみを残し、自分にとってソンな（社会的制裁を受けるような）内面的真実を抹殺するからなのだ。

カントは、このメカニズムをよく知っていたがゆえに、われわれは常に自分の内面を厳しく点検しなければならないと考えた。そして、それは誰でも真剣にやろうとすればできると考えた。そして、そうしないのは、その人が内面的真実を見ないように自己を形成してしまった（これを「経験的性格」という）からだと考えたのである。

とくに、人間はぎりぎりの立場に追い詰められると、自分がいかに不幸になっても、いかなる組織を揺るがしても、人が知ることができる限りの外面的および内面的真実を求めるものである。

ただそれを知りたいという一点ゆえに、いかに憎しみが待っていようとも、子は自分を捨てた親に会いたい（せめて捨てた理由を知りたい）のであり、親は、いかに苦しみが待っていようとも、戦死した息子の最期を知りたいのである。北朝鮮に拉致《らち》された者の家族は、いかに悲しみが待っていようとも、「ほんとうのこと」を知りたいのである。

こうした身体の底から湧きあがる自然の感情によって、われわれ人間は、「法に守られた外形的真実」こそ重要であると思い込もうとしても、やはりそうではないこと、内面的真実を含んだ端的な真実こそ重要であることを知っているのだ。

これがカント倫理学の根本信念である。哲学（者）にあえて使命があるとすれば、まさに、「内面的真実への尊敬」を訴え続けることではないのか？　日本が戦争に突入していた一九三九年、カント学者であった天野《あまの》貞祐《ていゆう》氏が京都大学の学生に対して述べた言葉は、単純だが心洗われるものである。

願はくは諸君！　何にもまして真実を愛せよ。真実を愛することは若き人々の特権である。真実への愛、道理への信念と勇気、己自身への信頼と信念——それはつねに諸君とともにあれ。若き諸君に祝福あれ。（『学生に与ふる書』岩波新書、二〇ページ）

なぜ「真実を愛することは若き人々の特権」なのであろうか？　何らかの組織に入り、生活の糧を稼がねばならなくなると、「真実を愛する」などという青っぽいことを言っていられなくなるからであり、生きるため、敗退しないため、勝ち抜くためにおうおうにしてウソをつかねばならないのか？

しかし、カントによれば、この理由づけは何の力ももっていない。真実性を（生命を含む）幸福より優先させることは、人間である限り誰ひとりとして現に守れないかもしれないが、それにもかかわらず、これを転倒して（自他の）幸福のためにウソをつくことは、善ではなく、アディアフォラですらなく、はっきりとした「悪」であることは、いささかも揺らがないのである。

おわりに

「平成」が終わって、「令和」が始まる……と、こう書いてみただけであって、私にとって元号は何の意味もない。昭和天皇が亡くなり、小渕《おぶち》官房長官が「平成」の元号を発表したとき、私はすでに不惑を過ぎていた。そのせいもあろう。「平成」という元号にずっと馴染《なじ》めないまま、それはまもなく終わりを告げる。よって、そのあとの「令和」に馴染めるわけがない。天皇制にとくに反対ではないものの、天皇の行動にはほとんど無関心であり、退位や即位などに三種の神器と同様の古代の奇妙な風習を見る思いである。

この国には、私のような輩《やから》も少なからずいるはずなのに、どうもジャーナリズムはこういう声を完全に抹殺しているようだ。というわけで、連日、あきあきするほどのウソのオンパレードであり、これはこの国の終焉《しゅうえん》まで、いや人類の滅亡まで続くことであろう。だが、とてつもなく不思議なのは、これほどのウソがまかり通っているのに、われわれは子どもに「ウソをついてはならない」と教え続け、「ウソつき」は非難の言葉であり続け、ウソによって不利益を被った者（例えば振り込め詐欺の被害者）が、相手を殺したいほど憎むという心理状態は変わらないのだ。

どうして、みなここに潜む「矛盾」を考えないのであろうか？　この問題が、通常人が探究することができないほど難解だからではない。そうではなく、みな適度にウソをつきながらうまく世を渡っているのに、その仕組みをあまりに探究してしまうと、自責の念に押しつぶされ、すべての他人も不愉快（不潔）に思われるようになって、生きるのに居心地悪くなるからであろう。

しかし、まさにみながひるんで手をつけない問題こそ、哲学（者）が引き受けるべき問題なのである。どんなに居心地悪くなろうと、眼をそむけたくなるほど醜かろうと、それが人間の本性（本質）に潜むものであるのならば、それを直視し、とことんまで探究するのが、哲学（者）の使命である。カントは、一方において、真顔で「ウソをつくべきではない」と言い続けながら、他方において、真顔でウソをつき続ける人間のあさましい姿を、「根本悪」と呼んで抉《えぐ》り出すように探究した。私は、そのカント倫理学を五〇年間研究してきたのだが、本書は、そうした取り扱いにくい「ウソ」の構造を「組織におけるウソ」に焦点を絞って、（これらはたちまち古びることは承知のうえで）できるだけ具体事例を挙げながら探究してみたものである。

もちろん、その癌細胞のように増殖したウソの全貌《ぜんぼう》にはまだまだ私のメスも内視鏡もレントゲンも届かないが、最も悪質な組織のいくつかは追跡できたように思う。まさに、癌が生命現象そのものの産物であるように、ウソは言語を学んだ理性的存在者としての人間そのものの産物なのであり、よって原理的に根絶はできず、まさにカントのように「原罪」と呼ぶしかないものなのである。

本書によって、善意を装った、巧妙な・悪辣《あくらつ》な・陰険な・組織のウソの犠牲者の方々、すなわち組織のウソに立ち向かったために、いや（私のように）異論を唱えただけで、組織から放り出され、あるいは退職を余儀なくされ、あるいは閑職に飛ばされ、あるいは組織の中で冷ややかな視線のもとで息詰まる思いをしている、少なからぬ人々に、何らかの励みを与えることができれば幸いである。

あなたは、自分の愚かさを嘆いて、このまま死ぬことだけを考えてはならない。あるいは、たとえあなたが組織を相手に敗訴した（勝訴しなかった）としても、法的判断は完全ではない。人間には、法よりずっと重要な道徳という領域が開かれているのだ。だから、「真実を貫いてソンをした自分は人間としてどこまでも正しく、ウソをつき通してトクをした相手は人間として最も下劣だ」と信じるようにしよう。「真実」こそ人間として最高の価値であり、相手はそれを失ったのであるが、全財産を失っても、全信用を失っても、全希望を失っても、あなたはその最高の価値を失っていないのであるから。

なお、法律専門家の立場から数々のアドバイスをくださった弁護士のFさんとTさんには、深く感謝いたします。また、本書によって、長年の「むねのつかえ」が取れた思いです。株式会社KADOKAWAの菊地悟《きくちさとし》さんには、あらためてお礼申し上げます。

二〇一九年四月末日

新しい元号「令和」には何の関心もないと思いつつ……。

中島義道《よしみち》

中島義道（なかじま・よしみち）
1946年生まれ。東京大学教養学部・法学部卒業。同大学大学院人文科学研究科哲学専攻修士課程修了。ウィーン大学基礎総合学部哲学科修了。哲学博士。専門は時間論、自我論。「哲学塾カント」を主宰。著書に『ウィーン愛憎　ヨーロッパ精神との格闘』（中公新書）、『哲学の教科書』（講談社学術文庫）、『うるさい日本の私』（角川文庫）、『悪について』（岩波新書）、『私の嫌いな10の人びと』（新潮文庫）、『七〇歳の絶望』（角川新書）など多数。

ウソつきの構造《こうぞう》

法《ほう》と道徳《どうとく》のあいだ

中島義道《なかじまよしみち》

2019 年 10 月 10 日　初版発行
2024 年 10 月 5 日　4 版発行

◆◇◇

発行者　山下直久
発　行　株式会社KADOKAWA
〒102-8177　東京都千代田区富士見 2-13-3
電話　0570-002-301（ナビダイヤル）

装 丁 者　緒方修一（ラーフイン・ワークショップ）
ロゴデザイン　good design company
オビデザイン　Zapp!　白金正之
印 刷 所　株式会社KADOKAWA
製 本 所　株式会社KADOKAWA

角川新書

ISBN978-4-04-082279-2 C0295

KADOKAWAの新書 ❦ 好評既刊

ラグビー 知的観戦のすすめ
廣瀬俊朗

「ルールが複雑」というイメージの根強いラグビー。試合観戦の際、勝負のポイントを見極めるにはどうすればよいのか。ポジションの特徴や、競技に通底する道徳や歴史とは？　ラグビーのゲームをとことん楽しむために元日本代表主将が説く、観戦術の決定版！

4行でわかる世界の文明
橋爪大三郎

なぜ米中は衝突するのか？　なぜテロは終わらないのか？　国際情勢の裏側に横たわるキリスト教文明、中国儒教文明など四大文明について、当代随一の社会学者が4行にモデル化。その違いを知るだけで、世界の歴史問題から最新ニュースまでが読み解ける！

環境再興史
よみがえる日本の自然

石　弘之

経済成長が最も優先された戦後の日本。豊かさと引きかえに、水や大気は汚染され、動物たちは絶滅の危機に瀕した。それから30年余りで、目を見張るほどの再生を見せたのはなぜか。日本の環境を見続けてきた著者による唯一無二の書。

織田家臣団の系図
菊地浩之

父・信秀時代、家督相続から本能寺の変まで、激動の戦国を駆け抜けた織田家臣団を出身地域別に徹底分析。羽柴秀吉・柴田勝家・明智光秀・荒木村重……天下統一を目指した組織の実態に迫る！　家系図多数掲載。

「豊臣政権の貴公子」宇喜多秀家
大西泰正

〝表裏第一ノ邪将〟と呼ばれた父・直家の後を継ぎ、秀家は若くして豊臣政権の「大老」にまで上りつめる。しかしその運命は関ヶ原敗北を境にして一変。ついには八丈島に流罪となる。その数奇な生涯と激動の時代を読み解く決定的評伝！

KADOKAWAの新書　好評既刊

伝説となった日本兵捕虜
ソ連四大劇場を建てた男たち

嶌　信彦

敗戦後、ウズベキスタンに抑留された工兵たちがいた。彼らに課されたのは「ソ連を代表する劇場を建てること」。その仕事はソ連四大劇場の一つと称賛されたオペラハウス、ナボイ劇場に結実した。シルクロードに刻まれた日本人伝説！

親子ゼニ問答

森永卓郎
森永康平

「老後2000万円不足」が話題となる中、金融教育の必要性を訴える声が高まっている。が、日本人はいまだにお金との正しい付き合い方を知らない。W経済アナリストの森永親子が生きるためのお金の知恵を伝授する。

済ませておきたい死後の手続き
認知症時代の安心相続術

岡　信太郎

40年ぶりに改正された相続法。その解説に加え、「相続の基本知識・手続き」「認知症対策」についてもプロの視点からアドバイス。終活ブームの最前線で活躍する司法書士が、面倒な「死後の手続き」をスッキリ解説します。

売り渡される食の安全

山田正彦

私たちの生活や健康の礎である食の安心・安全が脅かされている。日本の農業政策を見続けてきた著者が、種子法廃止の裏側にある政府、巨大企業の思惑を暴く。さらに、政権のやり方に黙っていられない、と立ち上がった地方のうねりも紹介する。

ビッグデータベースボール

トラヴィス・ソーチック
桑田　健 訳

弱小球団を変革したのは「数学」だった――データから選手の隠れた価値を導き出し、またデータを視覚的に提示し現場で活用することで、21年ぶりのプレーオフ進出を成し遂げたピッツバーグ・パイレーツ奇跡の実話。